Diedrich Soltau's Verlag. 1882

Korrespondenzblatt des Vereins für Niederdeutsche Sprachforschung

Sechster Jahrgang 1881.

Diedrich Soltau's Verlag. 1882

Korrespondenzblatt des Vereins für Niederdeutsche Sprachforschung
Sechster Jahrgang 1881.

ISBN/EAN: 9783741173448

Hergestellt in Europa, USA, Kanada, Australien, Japan

Cover: Foto ©Andreas Hilbeck / pixelio.de

Manufactured and distributed by brebook publishing software (www.brebook.com)

Diedrich Soltau's Verlag. 1882

Korrespondenzblatt des Vereins für Niederdeutsche Sprachforschung

Korrespondenzblatt

des

Vereins für niederdeutsche Sprachforschung.

Sechster Jahrgang.
1881.

Norden und Leipzig.
Diedrich Soltau's Verlag.
1882.

KORRESPONDENZBLATT

DES VEREINS

FÜR NIEDERDEUTSCHE SPRACHFORSCHUNG.

HERAUSGEGEBEN

IM AUFTRAGE DES VORSTANDES.

VI. JAHRGANG.

HAMBURG.
1881.

NORDEN & LEIPZIG. DIEDRICH SOLTAU. 1882.

Hannover. Abdruck und Druck von Fr. Culemann.

Korrespondenzblatt
des Vereins
für niederdeutsche Sprachforschung.

I. Kundgebungen des Vorstandes.

1. Veränderungen im Vereinsstande.

Mit dem Beginne dieses Jahres sind dem Vereine beigetreten die Herren:
Dr. phil. E. Th. Rautenberg, Oberlehrer am Johanneum, Hamburg.
Schippel, Gymnasiallehrer, Oldenburg.
Jul. Janssen, Musikdirektor, Minden.
H. Schüth, Realschul-Lehrer, Altona.
Cand. phil. C. Knöchel, Lehrer, Hamburg, Glashüttenstr. 14.
Dr. phil. L. Contzen, Köln, Humboldtstr. 31.
Rob. Hohoff, Reallehrer, Köln, Marsilstein 12.
Rob. Rheinbold, Reallehrer, Köln, Mauritiussteinweg 80.
Dr. med. Joh. Overhamm, Arzt, Köln, Comödienstr. 85—87.
Herm. Overhamm, Kaufmann, Köln, Alte Wallgafse 20.
Leop. Surén, Bankdirektor, Köln, Agrippastr. 14.
C. Holzapfel, Kaufmann, Köln, Gertrudenstr. 26.
Jul. Kolk, Kaufmann, Köln, Krahnengafse 29.
Carl Guba, Kaufmann, Köln, Altenbergerstr. 9.
Paul Neubner, Buchhändler, Köln, Passage 42.
Aloys Niessen, Rechtsanwalt, Köln, Altenburgerstr. 20.
Corn. Jan van Gheel, Gildemeester, Rotterdam, Heringvliet 45.
Dem Vereine gehören nicht mehr an die Herren, resp. Anstalten:
Ahrens-Kiel. Danning-Minden. R. Becker-Köln. Bleicken-Ottensen. Crone-Münster. Dederich-Köln. Driessen-Hersel. Ehmcke-Bremen. Erkelenz-Köln. Friedrich-Wernigerode. Frisch-Hamburg. Jngler-Hannover. Köpcke-Holzminden. Laber-Rostock. Magnussen-Schleswig. Maaske-Lüneburg. Michelsen-Hildesheim. Neumann-Heidelberg. Scheuffgen-Montigny. Schwörbel-Deutz. Sengbusch-Leipzig. Weddigen-Hamm. Werther-Rostock. Bibliothek des Friedr.-Wilh.-Gymn.-Köln. Terstappen-Deutz.
In Folge Sterbefalls betrauert der Verein den Verlust folgender Mitglieder:
A. Becker, Reichsbankbeamter in Köln.
A. C. von Halen in Hamburg.
Dr. W. Mannhardt in Danzig.
Dr. Fr. Oetker in Kassel.
Fr. Staromann, Architekt, in Hamburg.
Teichen, Maurermeister, in Stralsund.
A. N. Zacharias, Kaufmann, in Hamburg.
Veränderte Adressen:
Dr. H. Zimmer, bisher in Berlin, jetzt Professor in Greifswald, Fleischerstrafse 17.
Professor Dr. H. von Weifsenbach, bisher Würzburg, jetzt Altenburg in Sachsen-Altenburg, am Markt 14.

II. Mitteilungen aus dem Mitgliederkreise.

1. Ein Matrosengesang (s. V. 70).

a. Der erwähnte Matrosengesang kam mir, vor Jahren schon, als ich ihn zum ersten Male las in W. G. Kern und W. Willm's Sammlung „Ostfriesland wie es denkt und spricht" (Norden, 1869), gleich so sehr bekannt vor, dass ich mich damals bestimmt erinnerte, ihn früher schon irgendwo hier in den Niederlanden gehört oder gelesen zu haben. Ob in West-Friesland oder in Holland, und bei welcher Gelegenheit, dessen kann ich mich leider jetzt nicht mehr erinnern. Und wo ich ihn, nachdem er mir jetzt durch die Mitteilung im Korrespondenzblatt wieder unter die Augen gekommen, zu finden hoffte, fand ich ihn doch nicht verzeichnet. Aber sicherlich ist er mir einmal hier in den Niederlanden vorgekommen, und ich werde suchen, bis ich ihn finde.

Die vier Zeilen aber, welche auf die Insel Ameland Beziehung haben, machen hiervon eine Ausnahme. Denn dieser Reim ist in West-Friesland allbekannt, und die Ameländer werden vor wie nach von den andern West-Friesen damit genockt. Auch in Ost-Friesland ist er bekannt; siehe De Navorscher, Jahrgang XXVIII, S. 433 und 485.

Es will mir fast scheinen, als ob diese ganze, auf Ameland sich beziehende Strophe ursprünglich nicht in unserm Reime war, sondern nur eingeschoben ist, weil alle übrigen Inseln nur mit einer einzigen Zeile gemarkt werden, und weil die vierzeilige amelander Strophe auch sonst, ohne den übrigen Reim, vielfach bekannt ist.

Das amelander Wappen zeigt wirklich einen Halbmond und drei Balken, und das hat wohl die Veranlassung zu diesem Spottreim gegeben. Die Sage weiss noch zu erzählen, die Ameländer hätten ihre drei Balken auf der Nachbarinsel ter Schelling gestohlen.

In obengenannter Sammlung von Kern und Willms findet man dieses Lied in zwei Fassungen verzeichnet. Die friesischen Inseln aber, so weit sie jetzt zu den Niederlanden zählen, werden nicht darin genannt. Die erste Fassung, welche als die ältere angegeben wird, lautet:

„Wangeroog, de Schone,
Spiekeroog, de Krone,
Langeoog is 'n Dotterfatt,
Baltrum is 'n Sandstatt,
Nördernee ett süek half satt,
Juist is dat Toverland,
De Börkumers melken Kojen,
Un bruken Dreck to Brand".

Und die zweite Fassung, die neuere genannt, also:

„Wangeroog hett 'n hoge Thorn,
Spiekeroog hett sien Naam verloren,
Langeoog is noch wat,
Baltrum is 'n Sandstatt,
Up Nördernee,
Dar gifft et noch wol 'n Sleef vull Bree,
Man kamen wi up Juist,
Sünd alle Kojen güst,
Un kamen wi up Börkum,
Dar steken s' uns mit Förken".

„De hoge Tôrn" gilt hier als Merkmal von Wangeroog, in dem Reim aber, wie er Seite 71 mitgeteilt wird, als Merkmal von ter Schelling. Beide Inseln nun haben schon von Alters her einen sehr hohen Leuchtturm; für beide Inseln ist das Merkmal also gleich zutreffend.

Das os „sieu naam verloren" hat, wird S. 71 von Flieland, hier aber von Spiekeroog gesagt. Wie soll man diesen Namenverlust deuten? Spiekeroog und Flieland heissen doch von Alters her so wie noch jetzt. Kern und Willms deuten es so: „Spiekeroog ist kein Speicher (Spieker) mehr für das Festland, wie es früher gewesen sein soll".

Flieland hat seinen Namen wenigstens teilweise verloren. Früher, und noch bis in's 18. Jahrhundert lagen auf dieser Insel zwei Kirchdörfer, jetzt nur noch eins, das östliche. Das westliche Dorf, mit der ganzen westlichen Hälfte der Insel, ist im zweiten Viertel des vorigen Jahrhunderts von der wilden Nordsee verschlungen worden. Wo West-Flieland lag, ist jetzt nur noch eine ausgestreckte Sandbank, an der sogar der Name Flieland nicht mehr haftet: „Flieland het sin nâm verloren", denn diese Sandbank heisst jetzt de Hors. Ost-Flieland aber, Insel mit Kirchdorf, ist noch vorhanden.

Haarlem. Johan Winkler.

b. Auf die Frage, ob das Lied weiter verbreitet gewesen sei als an der Weser, muss ich bemerken, dass unsere Schifferjungens auf den ostfriesischen Fehnen, Sielen und Inseln, den Inselreim überall kennen. Vor 60 Jahren galt er nach der Aussage meines (Febr. 79 im Alter von 64 Jahren verstorbenen) Vaters, der mir zu meiner Sammelarbeit: 'Topographischer Volkshumor in Ostfr.' die Beiträge aus seiner Heimat, dem alten Norderlande, beisteuerte, als versus memoriales für die Dorfjugend der Nesse (Flecken östl. von Norden). Ich selbst kannte ihn bereits als Schiffsmannslied 1855, und sang ihn 1858 als Schiffsjunge selber mit. Lehrer W. J. Willms zu Schott bei Marienhafe, der zuerst als Insellehrer mehrere Jahre auf Baltrum, Langerog und Spiekeroog diente (ungefähr 1855—60), schrieb sich dort verschiedene Lesarten auf. In den Kleinhäfen der Eems (Emden, Oldersum, Ditzum, Jemgum, Weener) habe ich den Sang niemals gehört, wohl in Leer. Wo er zum ersten gedruckt sein mag, weiss ich nicht anzugeben, einzelne Lesarten findet man bei 'Kern und Willms, Ostfriesland. Land und Leute im Spriehwort' (Norden. Soltau. 1869) S. 14, 15, hierzu sind einige gute Anmerkungen gemacht, doch aus übergrosser Reinlichkeitsliebe die stärksten Pointen übertüncht worden. Etwas origineller giebt die eine Lesart wieder der Klassenlehrer Hermann Meyer-Emden († 1879) ein geborener Borkumer, in seinen Feuilletonartikeln der 'Ostfriesischen Zeitung' Jahrg. 1869, Nr. 221—228, daselbst in Nr. 228. Ich bemerke indessen ausdrücklich, dass Meier als Borkumer Kind den Inselreim nicht kannte, ihn zuerst aus Kern und Willms entlehnte, und erst auf meine Vorstellung, ihn nicht zu verhunzen, etwas berichtigter aufnahm. Zu bedauern bleibt, dass beide Autoren den holländischen Inseln nicht nahe treten wollten 'da sie sich lediglich auf Ostfriesld. beschränkt hätten'. Der ganze Inselreim ist von mir in einer kurzen Feuilletonarbeit im 'Telegraphen', einem ephemeren Blättchen Nordens 1865, mitgeteilt worden.

Ich teile die Ansicht, dass der Reim dem Mündungsgebiet der Weser eigen ist. An der Eems fehlt er. Die Schifferleute der Fehne haben ihn sich später zu eigen gemacht, die Schifffahrt der meisten Fehne ist ja jüngern Datums. Die Reihenfolge der Inseln, die immer piquanter werdende Charakteristik der westlicher liegenden Eilande weist auf den östlichen Ursprung hin.

Dass 'Wangeroog, de schone' ist, die schöne Insel, deutet auf ein sehr hohes Alter des Reimes. Schone ist in verschienenen ostfr. Distrikten allgemein üblich.

Die Inseln 'Wangeroog, Spiekeroog und Langeoog' sind die besten. Von Baltern will man noch nichts schimpfliches sagen. Die Nordernejer 'Poters' (es fehlt dort das r, daher spottet man 'Poters' anstatt 'Proters') gehören indessen nicht mehr zu den Bevorzugten, sie 'liggen ům de West, de Hoek vörbi', und erhalten ihr Teil. Die Lesart: 'Juist dat Roverland' ist mir nie zu Ohren gekommen, wogegen es noch heute 'dat Toverland — Zauberland' heisst. Schon zur Zeit der Hexenprocesse in Ostfriesland, und zwar Anno 1590 wurden in Norden 'Toverschen' von der Juist gerichtet. Um den Reim zu haben, fiel Nördernee als Roverland hinein, während es in Derbheit und wiederum in östlicher Schalkheit und den Nagel dabei auf den Kopf treffend weiter heisst:

    Börkmers melkt de Köi
    Un schiet't hör Brand

(bezüglich der getrockneten Kuhfladen so).

Von den 'Amelander Schalken' hiess es bei uns
    De Galge schall hör Wagen sien.

In den 1880 erschienenen (seit 1878 bearbeiteten) Werke 'J. de Vries und Th. Focken. Ostfriesland, Land und Volk in Wort und Bild' (Emden, W. Haynel) ist Seite 399 der Reim in der zweiten Lesart von Kern und Willms mitgeteilt.   Norden.   Sundermann.

2. Anfänge von alten Liedern.

Für die Geschichte des Volksliedes sind die Angaben von Liederanfängen nicht ohne Werth. Ich habe einige gesammelt, die ich hier mittheile. Eigentlich hätte ich vorher untersuchen müssen, ob nicht die Lieder selbst irgendwo überliefert sind. Da es mir aber dazu an Zeit gebricht, so gebe ich fürs erste, was ich gefunden.

Im 2. Bde. der Zeitschr. des Vereins für hamburgische Geschichte (1847) S. 230 ff. hat Lappenberg sieben niedersächsische Lieder in Bezug auf die Kirchenreformation von 1528 und 1529 mitgetheilt, deren meiste in der Ueberschrift auch die Weise angeben, nach welcher das betreffende Lied zu singen sei. Das erste, welches ein Spottlied auf Martin Luther ist, in, wie es scheint, absichtlich gemengter Mundart, beginnend: Was han ich dummer monnich gedan? hat die Angabe, dass man es singen möge ,na dor wyse des gemeinen ledekens: Wath hebbe ick armer man gedan!' 8zeil. Strophen. — Das dritte ist gedichtet 'uppe de nothen: De wynter wyl unß dwyngen, Dartho de kolde snee etc.' 10zeil. Str. — Das vierte geht 'uppe de noten: Och, Henneko knecht, wat wultu doen etc.' 8zeil. Str. Dasselbe Lied ist von Mohnike und Zober mitgetheilt in ihrer Ausgabe von Joh. Berckmanns [richtiger Joh. Derchmanns; s. das. S. XX. 47 und das Facsimile] Stralsundischer Chronik (1833), S. 233 mit der Ueberschrift 'up de wyse sunte Jacobs: Cathi Henneke knecht walt etc.' Es ist das von Uhland Alte hoch- und niederdeutsche Volkslieder (1844) S. 447 mitgetheilte und einzeln von Hoffmann v. Fallersleben 1872 und von Frensdorff zur Pfingstversammlung in Göttingen 1878 herausgegebene Gedicht: 'Henneke knecht, wat wultu don?' gemeint. — Das sechste ist gedichtet: 'uppe de nothen: Der slomer leyder'. (slömer= Schlemmer, Verschwender; s. Mnd. Wb.) 8zeil. Str. — Von dem siebenten heisst es 'Und dyt sulve gedicht mach men fyngen na der wyße, der studenten leeth genomet: Vryak unde frolick wy fingen etc.' Ozeil. Str. In dem Buche Facetiae Facetiarum, hoc est, Joco-Seriorum Fasciculus novus. Pathopoli [i. e. Leyden?], ap. Gelastinum Severum 1647 (Kupfertitel v. 1645) werden in dem Tractat De jure potandi S. 78 verschiedene Liederanfänge aufgezählt, darunter ein niederdeutscher: 'He seth den Barckenmeyer wol an seine [lies sine] mundt etc.' Im 13. Stück, De Hanreitate, S. 481 heisst es: 'aut cantat aliquid, quod ejus pudorem laedat, quales sunt cantiones sequentes: Een alt (lies old) Wieff by dem Fyer (lies Füer) satt verborgen; Item: Marschellen, Marschellen [vgl. marselen im Ndd. Jahrb. 1877, S. 85 und morfel im Bind. Wb.], dartho een Brandewein [lies Brandewyn] etc.'; dann folgen hochdeutsche.

Bei Staphorst Hamburgische Kirchengeschichte I, 4 (1731), S. 400 wird in einem Verzeichniss von silbernen Kleinoden aus dem J. 1585 genannt 'noch 1 sulverne lepel M. Johan Ruhenherdts [lies Rumherts], cui inscriptum fuit: Volget, helde, volget'.____Hamburg._____C. Walther.

3. Sprichwörtliches (s. V. 58 fl.)

a. Ueber den reichen sprachlichen und litterargeschichtlichen Gewinn, den uns die von Jellinghaus edierten nd. proverb. comm. bieten, hoffe ich an anderer Stelle im Zusammenhang zu reden.

Bei Koppmann's Bemerkungen vermisse ich die Beziehung auf die muthmasslich ihm unbekannt oder unzugänglich gebliebenen Arbeiten der nl. Forscher; für manche seiner Vermuthungen hätte er eine willkomme Bestätigung gefunden, andere wahrscheinlich für sich behalten. Ich wähle aus jeder Klasse ein Beispiel:

Spr. 470. Me nyghet dem borne, dar me bathe af heft. Koppmann's Deutung findet sich von neueren Forschern auch bei Leendertz und Suringar (Harrebomée Spreekw. III, S. CXL). Dass das Sprichwort zur Zeit seiner Niederschrift und ein gutes Jahrhundert hindurch nie anders aufgefasst wurde, auch nicht von den volksthümlichen Sammlern Bebel und Seb. Franck, bemerkt Jellinghaus selber.

Spr. 99. Alze en man ryket, so hundet he. Auch die Var. hont hat keinen anderen Sinn, als: er lebt wie ein Hund, spart und scharrt zusammen. Diese richtige Deutung geben Suringar im Gloss. zu den Prov. comm., Hoffmann zu Tunnicius nr. 154; dazu stimmen auch die beiden lat. Uebersetzungen. Wenn Hoffmann a. a. O. hinzufügt, dass frühere holl. Sammler, auch Harrebomée das Sprichwort missverstanden, so gilt das wenigstens nicht von dem trefflichen, von Suringar so hoch geschätzten Zegerus; auch hat Harrebomée selbst sich zuletzt III, 287 für die Lesart hont entschieden. Seine von den Vorgängern absehende Deutung: 'het zal op een kijven en schelden uitlopen, als bewijs van een onverstandig macht — en moed — betoonen' mag immerhin auf sich beruhen.

Der Dreizahl wegen bezweifle ich, dass 485 Me schal nenen.douen II missen synghen an den Todten gedacht werden kann. Auch die lat. Uebersetzung hat hier nur surdus. Den Spruch vom Todten hat erst der Cölner Druck und Tunuicius hinzugefügt, s. Jellinghaus, S. 2. Wir hätten dieser Derbheit gern entrathen.

Schwerin._____Fr. Latendorf.

b. In meinen kleinen Bemerkungen 'Zur Bordesholmer Handschrift der Proverbia Communia' habe ich mich nicht als Fachmann geriren wollen, dem die Nichtbenutzung der betreffenden Litteratur zum Vorwurf gemacht werden müsste; dieselben beziehen sich vielmehr ausschliesslich auf die von Jellinghaus besorgte und mir freundlichst zugesandte Ausgabe und wollen nichts anderes sein als der Ausdruck abweichender Ansichten eines im Handschriftenlesen erfahrenen und mit dem Mittelniederdeutschen auf praktischem Wege vertraut gewordenen Laien in der Sprachwissenschaft, der jedoch im Uebrigen nicht gewohnt ist, eine Ansicht deshalb für richtig zu halten, weil sie von einem Anderen getheilt wird, noch deshalb für unrichtig, weil ihr Andere widersprechen.

Jellinghaus verwarf die ihm natürlich wohl bekannte Uebersetzung von Spr. 479; ich nahm sie in Schutz, indem ich sie ausführlicher zu erläutern versuchte; was Latendorf hinzufügt, scheint mir mehr litterarhistorisch von Interesse, als für die Erklärung von Belang zu sein.

Gegen Jellinghaus' Erklärung von Spr. 99 habe ich eingewandt, dass honen, wie ein Huhn scharren, im Mnd. nicht vorkommen, und dass sich aus der Variante: spaert he ergebe, hont he sei in das paläographisch gleiche hout he umzuwandeln. Wenn nun diesem Erklärungsversuch ein anderer gegenübergestellt und als der richtige bezeichnet wird, so hätte zunächst konstatirt werden müssen, dass ein Verbum honden, wie ein Hund leben im Mnl. vorkomme, ehe von mir vermuthet werden konnte, dass ich meine Bemerkung daraufhin wahrscheinlich für mich behalten hätte.

Barmbeck bei Hamburg.   K. Koppmann.

4. Rube, Rupe (s. V. 92, 94).

Et mag 'ne geringe Rupe de den Kohl (das Blatt) beschittl — In dieser Form lebt das Sprichwort der lübischen Chronik von 1476 im Lippeschen noch fort. Ein Bauernmädchen, das mit ihrem Verführer wegen der Alimentation ihres Kindes vor Gericht stand, gebrauchte es, als der Beamte sein Befremden darüber ausdrückte, dass ein so hübsches und sonst so ordentliches Mädchen sich mit einem Manne abgegeben, der ihrer nicht würdig sei. Sie meinte damit ihren Fehltritt zu erklären. Der Amtsrath Hausmann in Horn, Vater des vor einigen Jahren verstorbenen Lippischen Reichstagsabgeordneten, hat mir s. Z. dies erzählt, als es eben ihm selbst in seiner amtlichen Thätigkeit vorgekommen war. Es ergiebt sich daraus, dass Herrn Walther's Erklärung richtig ist, denn bedritten und beschitten kommt ja auf eins hinaus. Dem Worte bedriten liegt aber offenbar das im Deutschen verlorene [s. jedoch I, 68. W.H.M.] englische dirt, Dreck, Schmutz, Koth, zu Grunde, unter Versetzung des r, wie in brennen für bernen, Grütze statt Görte, fürchten statt fröchten etc. wie im englischen in to burn, fright noch erhalten. Uebrigens verschwinden solche ungewöhnliche Wörter immermehr aus dem Volksdialekt, der bestrebt ist, sich dem Hochdeutschen zu accommodieren; besonders im Verkehr mit Leuten, die sonst hochdeutsch zu reden pflegen, gebraucht das Volk auch die hochdeutschen Ausdrücke.

Meinberg.   Schierenberg.

5. To lange geslapen (s. V. 75).

Herr Professor Müllenhoff hat die Freundlichkeit gehabt, mich auf eine Stelle aufmerksam zu machen, die als ältester Beleg nicht hätte ausgelassen werden sollen:

Kudrun 1360, 3. 4.

wâfen, hêrre, wâfen!
jâ wæne ich ir ze lange habt gesláfen.

Die aus Detmar angeführte Stelle: 'To der reise hebbe wy to lange slapen' geht, worauf mich Koppmann aufmerksam macht, zurück auf Albert von Stade (M. G. SS. 16, S. 355): Illi pueri nobis inproperant, quod ad recuperationem terrae sanctae eis currentibus nos dormimus.
Hamburg. C. Walther.

6. twischen ko ande kerkhof komen.

Zur Aufklärung dieser ihrem Ursprunge und der Bedeutung nach unsicheren Redensart, Mnd. Wb. II, 509, dient vielleicht eine Hinweisung auf Schmeller-Fr. I, 1215, wonach die Ku, Kub ein Gefängniss ist. Schm. bringt damit die (auch in Niederdeutschland häufigen) 'Kuhgassen' zusammen. Die ursprüngliche Bedeutung der Redensart möchte demnach sein: sich in Gefahr bringen entweder ins Gefängnis oder auf den Kirchhof zu kommen (gefangen oder getötet zu werden).
Northeim. R. Sprenger.

7. Sprüchwörter aus Köln. Schriften.

Drey mahl ist Göttlich, hält das gemain Sprüchwort.
_{Processus Juridicus contra sagas u. s. w. Deutsch. Cöln 1629, 8. 27. ed. P. Paulus Layman.}
Je höher Bergk, je tieffer Thall
Je grösser Mann, je schwerer Fall.
_{Responsum Juris contra Sagam u. s. w. 1621. Marpurgi Cattorum. S. 119.}
Hüte dich vor der Thadt
der Lügen wirdt baldt Rahtt.
_{Eine außführliche Instruktion, Köln 1634.}
Da der Teuffel ist, da gibt er ein zeichen. Ebenda.
Bonn. A. Birlinger.

8. Zu den Niederdeutschen Bauernkomödien
(117. Publication des literarischen Vereins in Stuttgart).

S. 38, Z. 19: dat eir de hinkende sugt in' er leven schacken slan, möge ihnen die hinkende Sucht in ihre gebrechlichen Beine fahren. Nicht 'in die linken Deine' wie ich im Wörterbuch zum Slennerhink S. 107 übersetzt habe. lef ist das lef = gebrechlich des Heliand V. 2006 (enna lefna lamon) und V. 3753. Wie in §. 9 der Grammatik zum Slennerhink gesagt ist, kommt e nur drei Mal in der Stammsilbe zweisilbiger Wörter vor einfachem Konsonanten vor, in beve, wegen und grofe, welche Wörter neuwestfälisch ie, ia haben. Der Vocal e in 'leven' ist also wohl altes kurzes e oder i.

S. 177: J. van Vloten hat im 2. Theile seines Werkes: Het nederlandsche Kluchtspel, Haarlem 1880 auf S. 231 ff. die Overysselsche Boere-Vryagie nach einer Amsterdamer Ausgabe vom Jahre 1641 abgedruckt, welche mir unbekannt geblieben war. Dieselbe erweist sich indessen als recht fehlerhaft. Jedenfalls geht der Text im Westfaelschen Speelthuyn vor 1661, welcher in den 'Bauernkomödien' Platz gefunden hat, auf einen andern Druck zurück. Folgende Stellen sind nach dem Texte bei Vloten zu verbessern: S. 183, Z. 24 ven y in veu y (füttert ihr), S. 184, Z. 15 prings in springs (springisch, ausgelassen), S. 187, Z. 15 ist hinter stockvissche 'wat rijssches' zu ergänzen, S. 189, Z. 28 ze vent in se veut (sie füttern) zu verändern.

S. 237, Z. 3 von unten: gy myfsgunnet my daick Gae loff thom egen wiffe kregen hebbe. Gae loff heisst nicht, wie im Wörterbuch zu Tewschen Hochtied S. 251 erklärt ist: Gottlob. Nach einem mir vorliegenden handschriftlichen Wörterbuche der westfälischen Mundart ist: galoef, ein beständiges Leben; en g. hewwen, beständig leben, z. B. wat hoat dei frau en g. met den kinne.

Kiel. H. Jellinghaus.

9. Fische.

In der Ztschr. des Vereins f. Schlesw.-Holst.-Lauenb. Gesch. IX, 95 ff. deutet Dr. Fr. Heincke die im Preetzer Kloster-Register und dem Speculum Abbatis de Reynevelde vorkommenden Fischnamen. Zu bemerken ist im Voraus, dafs in den betreffenden Aufzeichnungen frische Fische der Kloster-Gewässer überall nicht genannt werden, alle Namen kommen im Handel erkauften geräucherten, gesalzenen oder getrockneten Fischen zu. Mit Fragezeichen versieht Heincke die Worte: Rytal, Schachtal; Penninkal übergeht er, wohl als selbstverständlich. Rytal ist nach der absteigenden Reihe der gröfsten Handels-Aal, es kann nur ein gerissen, also wie der Lachs in 2 Hälften geräuchertes, riesiges Thier sein, vielleicht ein Seeaal (conger); da sonst immer 'Palingo' als gröfste Handelswaare vorkommen. Letztere sind deutlich die 'Schachtaale', denn 'schacht' ist 'stock', pål. Ob diese grofsen Aale so hiefsen, weil sie schachtartig, d. h. wie Pfähle, geräuchert aussahen, oder ob sie auf einem eingeklemmten Schacht geräuchert wurden, steht dahin. Penninkal ist deutlich der einen Pfennig geltende. Den mit Fragezeichen angeführten 'Cropeling' weifs auch ich nicht zu erklären, wenn es überhaupt ein Fischname ist und nicht Ausschufswaare, 'kräpeltüg', kleine geräucherte oder Salz-Fische bedeutet.[1] Bei Murenulus schwankt II. zwischen der Bachforelle (Salmo fario) und der kleinen See-Maräne der mecklenburgischen und holsteinischen Landseen (Coregonus maraenula); es ist aber sicher die letztere, die als 'Gangfisch' auch am Bodensee getrocknet wurde. Die Bachforelle ist schwerlich jemals gesalzen, geräuchert oder getrocknet. 'vlackbisch' kann wohl nur blakvisch, polypus, Lolligo, Lolleken, der Tintefisch sein, und butking ist augenscheinlich für bucking, unsern guten Bekannten, verlesen.

'Makrele' im Mellacher Weisth., bei Grimm Weisth. 2, 62 erklärt H. Pfannenschmid in Pick's Monatsschr. f. d. g. Westdeutschland 4 (1878), 537 für Chondrostoma Nasus, also die 'Nese' oder 'Nase'. Es ist schwerlich dieser gemeine, freilich noch heute geräuchert vorkommende Fisch, sondern der 'Schnäpel' (Coregonus Oxyrrhynchus), für den übrigens zu Unkundige die im Kopfe ähnliche 'Nese' (z. B. in Lüneburg) verkauft wurde.

Rabeler, m. In Stade hörte ich den grofsen, räuberischen Weifsfisch Aspius rapax Agass. Rabeler nennen, finde den Namen aber in keinem nd. Wörterbuche. Dr. L. Häpke, Ichthyol. Beitr. in den Abh. des naturwiss. Vereins o Bremen V. S. 173, hat die Namen Raapfen, Rapfe; schwerlich doch als niederdeutsche, sie müfsten sonst verkehrt (wie Tropfe, Ratze) lautverschoben sein. J. H. Campe, Wb, II, 746 gibt als hd.: Rappe, Rapen[2], Rapfen, Rabe und aus dem Osten Deutschlands: Raubalant, Raubalot (Ilbg.: Ropen). So auch v. Siebold Süfswasserfisch. Der letztere, auch als Raubolot vorkommende Name scheint nur Angleichung wegen des ähnlichen 'Alander' und der Raubnatur des Fisches. Die Varietät des Aals, Anguilla vulgaris Fl., 'Raubaal' gehört nicht hierher, ihn nennt Häpke

---

[1]) Vergl. Hanserecesse I 3, S. 356 Anm. 3. KK.
[2]) Vgl. rape Mudd. Wb.

in den angeführten Abb. VI, 693. Campe L o. 756 gibt aber 'Raubaal' als synon. von 'Aalraupe' (Blennius oder Zoarces viviparus), deren Bezeichnung wiederum (so auch bei Häpke l. c. V, 170) oft auf die Quappe übergeht. Im Lande Hadeln (Jlienworth) kommen gelegentlich seltsam aussehende Aale unter den andern zum Verkauf, die sie dort 'kortköppige Aale 'nennon. Möglich, dafs es dort in den Brokwassergebieten männliche Aale sind, möglich aber auch, dafs gelegentlich eine Aalraupe (Raubaal, etwa rûpâl?) unter den wirklichen Aalen zu verwerthen gesucht wird, wie von Altländern in Stade wohl ein 'pûtâl' (Cobitis fossilis, Schlammpeizger) unterzuschieben versucht wurde.

Beim Aufsammeln niederdeutscher Fischnamen wäre es höchst erwünscht, wenn der Sammler zugleich das betreffende Thier feststellen wollte, wozu die Hülfe Sachverständiger sich wohl finden liefse. Für Pflanzennamen gilt dasselbe. Rostock. K. E. H. Krause.

10. Epeltern (V. 66.)

a. Epolter ist der gewöhnliche Name des Feldahorns, hochdeutsch Affolter, acer campestre. Schambach 57 nennt ihn eppeltere, eipeltere und kennt auch das Adjectiv eppelteren (holt). H. F. Becker (Beschreibung der Bäume und Sträuche, welche in Mecklenburg wild wachsen. Rostock, 1805 S. 91) nennt als mecklenburgische niederd. Namen dieses Baumes mafsholler, eparle und aepeldôrn; beide letztern führen auf epelter, früher apelter. Der anderwärts Mafsholder genannte Strauch Viburnum Opulus L. heisst in Rostock und auch sonst in Mecklenburg gösfleder.
Rostock. K. E. H. Krause.

b. Jn der Wirthshausbezeichnung Epeltern hat sich offenbar der Name einer Wüstung erhalten, der aus einem altsächs. 'apoltreo, ahd. apholtra 'Apfelbaum' gebildet war. Eine Reihe solcher Ortsnamen (darunter viele Wüstungen) führen Förstemann Altdeutsches Namenbuch II s. 8. 99 und Arnold Ansiedelungen und Wanderungen S. 121 an. Aus nd. Gebiete nenne ich Apelern im Schaumburgischen, das noch im 17. Jh. Apeldern hiess.
Strassburg. Edward Schröder.

c. Der Volksmund wird wohl Recht haben, den Namen Epeltern durch 'Aepfel verzehren' zu erklären, denn der niederdeutsche Name für acer campestris ist Meppel aber nicht Eppel. Hier lautet er ganz so wie der englische Name maple, worin er denn auch seine Bestätigung findet. Im Hannoverschen scheint man das m. vertort zu haben, aber interessant ist die Endsylbe tern, von welcher man annehmen muss, dass das engl. tree, das altnordische tré darin erhalten sei, als Bezeichnung für Baum. Wirthshausnamen haben oft ihren Ursprung im Volkswitz und da sie nur locale Beziehungen haben, eignen sie sich zu etymologischen Untersuchungen wenig. Meinberg. Schierenberg.

d. Nach Analogie ähnlich klingender Ortsnamen in den Niederlanden würde nach meiner Meinung Epeltern doch nicht zum Ahorn, sondern wohl gewiss zum Apfelbaum zurück zu führen sein. Somit würde der Volksmund hier doch recht behalten, wenn auch nicht ganz; denn wenn hier auch schon Epel für Apfel zu nehmen ist, so hat doch die Silbe tern, in diesen Namen mit dem Zeitwort teren, zehren, nichts zu schaffen. Dieses tern ist vielmehr ein Dativform vom alt-niederdeutschem Worte ter, Baum. Also Epelter, Apfelbaum, to'r Epeltern, zum Apfelbaum.

Der analogen niederländischen Ortsnamen sind drei. Es heisst nämlich ein Dorf in Ost-Flandern, nahe dem Städtchen Sotteghem, in rein niederdeutscher (flämischer) Gegend: Appelterre; ein anderes Dorf in Geldern, zwischen Maas und Waal, westlich von Nymegen, heisst Appeltern, und ein drittes, auf der Veluwe (Fahle Aue), ebenfalls in Geldern gelegen, heisst Apeldoorn.

Die Deutung dieser drei Namen ist zweifelsohne 'zum Apfelbaum'. In einer Urkunde vom Jahre 793 kommt der Name des letztgenannten Dorfes vor als Apoldro, im Nominativ also; das ist im Dativ Apoldron, woraus später, durch häufig vorkommende Umstellung der Buchstaben, das heutige Apeldoorn entstanden ist.

Das alt-niederdeutsche Wort ter, auch tere, teir, taere, tre, tra, dra, dro ist dasselbe wie das gotische triu, und lebt noch im englischen tree, im dänischen trœ, im schwedischen träd, im isländischen tre, sämmtlich Baum bedeutend. Auch ist die letzte Silbe in den Hochdeutschen Wörtern Holunder und Wacholder, sowie in dem verschnörkelten Egelantier (vom niederdeutschen Egelnter, Stachelbaum, für Hundsrose (s. IV, 91.) kein anderes Wort. In Oberdeutschland, zumal in Schwaben und Franken, kommen ähnliche Ortsnamen vor wie das niedersächsische Epeltern, das niederländische Appelterre, Appeltern und Apeldoorn; z. B. Affaltern, Affoltern, Affalten, Affalterhof, Affalterthal, Affalbach (Ach oder Bach zum oder beim Apfelbaum), Affalterwang (Bergwand oder Felsenmauer zum Apfelbaum), u. s. w.

Aber auch im niederdeutschen lebt noch heute das alte Wort ter, Baum, nämlich in den süd-niederländischen (flämischen, brabantischen und limburgischen) Mundarten. So heisst der Mispelbaum (Mespilus germanica L.) in Belgisch-Limburg: mispelteer; der Holunder heisst dort und im Hageland (zwischen den Städten Diest und Tienen in Süd-Brabant) holenteer und der Wacholder wachelteer[1]. Der Hornbaum (Carpinus Betulus L.) heisst in Limburg herenteer, im Hageland und weiter im östlichen Süd-Brabant bis Leuven (Löwen), heinenteer, was dort auch zu heimter und gar zu hünter verhunzt wird; sonstwo in Süd-Brabant, bei Brüssel, heisst er auch herenter, in den Antwerp'schen Kempen (La Campine) herzelenteer oder hezzelenteer (mit niederländischem s = sanftes з), was man in der Umgegend von Antwerpen, wo nach flämischer Weise das h schon nicht mehr ausgesprochen wird, zu elzenteer verhunzt und so Verwirrung mit der Erle (Alnus glutinosa), niederländisch els, elzenboom veranlasst. Sogar ha eernte wird das ursprüngliche heerenteer in West-Flandern eingekürzt. Früher sagte man auch in Brabant und Flandern appelteer, appeltere, appelteir (englisch: appletree) für Apfelbaum; und notelteer für Nussbaum. (Siehe L. W. Schuermans, Algemeen vlaamsch Idioticon, Leuven 1870, und L. L. De Bo, Westvlaamsch Idioticon, Brugge 1873.) Jetzt sind diese zwei Wörter dort zwar im täglichen Gebrauch ausgestorben, doch leben sie noch in den Ortsnamen Appelterre u. s. w. und in dem Geschlechtsnamen Notelteirs, der in Belgien nicht selten ist, wie Noteboom in Ostfriesland (Emden), Nottebohm sonstwo in Nord-Deutschland, Karseeboom in Holland, Peireboom und Peireteir (Birnbaum) in Flandern, Affalter und Affolter in Ober-Deutschland, u. s. w.

---

[1] Werden diese Wörter im hochdeutschen gewöhnlich nicht verkehrt betont? Das niederländische holenteer und wachelteer hat die Betonung auf der ersten und der letzten Silbe, was doch wohl die richtige Betonung ist.

Dass der Ortsname Apeldoorn offenes a hat (doch spricht der Volksmund jetzt Appeldoorn), während sonst dieses Wort im deutschen, niederländischen und englischen mit geschlossenem a gesprochen wird (Apfel, appel, apple), stimmt mit der oben vermeldeten alten Form Apoldro, und merkwürdigerweise eben auch wieder mit Epeltern. Die friesische Sprache hat hier noch jetzt das offene, gedehnte a: westfriesisch und nordfriesisch beide apel, Apfel. Daher auf altem Friesenboden der heutige niederländische Ortsname ter Apel (zur Apfel), so abgekürzt von dem ursprünglichen, vollen, friesischen Namen Kleaster to'r Apelbeam, niederländisch Klooster ter Apel, ter Appelboom, der Name eines Dorfes in der niederländischen Provinz Gröningerland, hart an der deutschen Gränze zwischen Papenburg und Meppen. Und daher auch in Nord-Friesland der Name der Hallige Apelland.

Wenn das Wort Epeltern (Schambach hat für Güttingen und Grubenhagen Eppelüre und Eipeltêre, was so, ohne die Datifform n, auch wohl richtig ist) ein ursprüngliches Wort für Ahorn ist, dann weiss ich es nicht zu erklären. Aber sollte es nicht doch am Ende ursprünglich apelter, appelteer, Apfelbaum, heissen?

Die Rüster oder Ulme (Ulmus campestris), nicht der Ahorn, heisst westfriesisch ip, ipernbeam, auch ost- und nordfriesisch ypern, ipern; und niederländisch ijp, auch iepenboom, dänisch-ypern, französisch ypreau. Kann hier Zusammenhang sein mit epel? Denn das ein und derselbe Name in verschiedenen Mundarten und Sprachen für verschiedene Gegenstände in Gebrauch ist, kommt ja mehr vor. So ist z. B. dieses ip, yp, ypern (Ulme) doch ursprünglich wohl das nämliche Wort wie das hochdeutsche Eibe, Eibenbaum, und das französische if, welches beides aber den Taxus (Taxus baccata, L.) bezeichnet.

Haarlem.   Johan Winkler.

11. Abraham.

In Lübben's Supplementband zum Mndd. Wb. erscheint auch ein Artikel Abraham auf Grund der reichhaltigen und interessanten Auszüge von Dr. Crull aus Wismarischen Inventaren. Einmal wird das Wort genannt neben Handtüchern, Tischtüchern und Sieben, ein ander Mal neben Flachsbündeln und Weinkännchen. Was das Wort hier bedeuten soll, weiss ich ebensowenig, wie der Herausgeber des Wörterbuchs, zu sagen. Mir fielen aber Notizen ein, die ich mir früher über das Vorkommen desselben Wortes gemacht hatte. Vielleicht helfen sie und neue Nachweise, die hoffentlich aus dem Verein folgen werden, die Bedeutung des Wortes an obigen Stellen etwas aufzuhellen.

Nach W. Hübbe, das Hammerbröker Recht. Hamburg, 1849, S. 35 und N. A. Westphalen, Hamburgs Verfassung und Verwaltung. Hamburg, 1846, II, 401 hiess eine öffentliche Kasse der Geschwornen des Hammerbrokes, nach Herrn Dr. Fr. Voigt, erstem Beamten der Marsch- und Geestlande des Hamburger Gebietes, heisst noch jetzt eine Deichkasse dieser Landschaft Abraham. Die älteste Erwähnung ist (Hübbe S. 36) vom J. 1543: item vor eynen nighen Abraham by dat landt to makende gegeven is 4 β. Bei Hübbe S. 165 wird dieselbe in den Neuen hammerbröker Artikeln vom 5. März 1645 also erwähnt: Weiln auch bißhero von einer jeglichen Verlaſſung [amtlicher Verkauf eines Grundstückes], wann ſie auch nur 100 m₭ geweſen, 3 m₭ in den Abrahamb gegeben werden, ſo ſoll doch ſolches inskünftige geendert, und hinfüro nur von 500 m₭ und was darüber ist, 3 ₰ sonsten aber wann die verlassene Summe nicht 500 m̃, besondern darunter sich belauffet, nicht mehr als 1½ ₰ gegeben werden, und darvon der Gerichtschreiber 1½ m̃, der Vogt 1½ m̃ und der Abrabamb 1½ m̃ zu geniessen haben.

Wie Herr Dr. Voigt mir mittheilt, sagt man in Hamburg auch von einem, der wider Vermuthen allerlei Geld zu allerlei über hat: he hett en Abraham, wie man sonst wohl vor 1866 von unserer hamburgischen Kammer oder Trese sagte: se hett en Alrûneken (s. Beneke hamb. Geschichten und Denkwürdigkeiten S. 249).

Ein anderer alter Hamburger berichtete mich, es sei bei den Sparkassen der Brauch, die Kasse für die Ausgaben den Abraham zu nennen.

Von einem alten Müller erfuhr ich, dass der Mühlmehlstaub so hiesse, nach desselben und anderer Leute Berichte wird der Name des Patriarchen auch für das Korn oder Mehl gebraucht, welches die Müllerknappen den Bäckern zu 'stöten' pflegten.

Ob der Name für einen Spartopf vorkommt? Nach de Vries & te Winkel Woordenboek der Nederlandsche Taal I, 527 heisst im holländischen Aap eine aufgesparte oder weggelegte Geldsumme, ein sorgfältig bewahrter Schatz. Das Wort wird daselbst von den grotesken Steinbildern erklärt, deren wir uns gewiss alle noch erinnern, in welche man seine Schatzpfennige verbarg. Ob Beziehung zu Abraham besteht?

Bei Toone, A Glossary and etymological dictionary of obsolete and uncommon words 1832, sind Abraham men in 'cant' idle and thievish vagabonds, who formerly went about the country half naked or dressed in phantastical attire, pretending to have been mad and discharged from Bethlem Hospital; a person pretending sickness is still said 'to sham Abraham'.

Hamburg. C. Walther.

b. Mein Vater, geboren 1805 zu Barmstedt in der Grafschaft Ranzau, berichtet mir zu dieser Frage Folgendes: In Barmstedt, und wie er gesehen oder gehört zu haben vermeine, auch in Hamburg, sei noch zu seiner Jugendzeit an den Klingelbeuteln eine männliche Figur, welche oft einen Geldbeutel in der Hand hielt, in Gold- oder Silberstickerei angebracht gewesen. Von dieser Figur wurde auf Befragen angegeben, sie solle Abraham vorstellen, es sei Abraham. Dieser Name sei gelegentlich auch auf den Klingelbeutel selbst übertragen.

Hamburg. W. H. Mielck.

12. Zu den lüneburgschen Ausdrücken (s. V. 66, 78).

a. Von den angeführten Wörtern des Lüneburgschen Dialects sind die meisten, wie in Mecklenburg, auch im ganzen niederdeutsch redenden Schleswig-Holstein gänge und gebe. Unbekannt sind mir nur: Hukkaben (Kahen kennen wir natürlich), kuwern, stengen, tengen und wicken. 'Killen' habe ich allerdings nur in Südholstein als Bezeichnung für einen nicht gerade heftigen Schmerz gefunden und statt weden sagt man im Schleswigschen 'wüen', messingsch mitunter 'wüthen': 'Ich habe heute die Weiber bei mir im Garten zu wüthen' sagte ein Marschbauer im Eiderstedtschen. 'Utpowern' geht nach meinem Sprachgefühl ganz unzweifelhaft auf 'pauvre' zurück, da 'power' bei uns ein ganz gewöhnlicher Ausdruck für arm, geringe, schlecht ist. Wir sagen von einem schwach und kränklich aussehenden Menschen: He süt man höllisch power ut, und gebrauchen das Wort auch im moralischen Sinne. 'Pewerig' besagt bei uns etwas ganz anderes. 'He füt man pewerig nt' heisst: 'er sieht elend, flau aus'. 'Schulen' kennen wir auch in der doppelten Bedeutung, des sich vor dem Wetter schützen und des Mangels eines offenen Blicks. 'Schulig' heisst ein Ort, der vor dem Winde geschützt ist, 'schulsch' ein Mensch, der Einen niemals gerade ansieht und daher Misstrauen erweckt. 'Schulen lopen'? Altona. A. Römer.

b. Kinderspiel aus Quedlinburg. Ein Kind, der Bock genannt, versteckt sich. Die anderen geben sich auf die Suche. Hat ihn eins gefunden, so ruft es: Bock, Bock schüle nicht! Alle suchen dann das bestimmte Mal zu erreichen. Der Bock sucht einen zu haschen, der dann seine Stelle einnimmt. Das ndd. schülen ist in der ursprünglichen Bedeutung 'sich verstecken' in Q. nur in dieser Verbindung erhalten. Vielfach hört man dafür von den Kindern schon schielen = schief blicken angesetzt.
Northeim.   R. Sprenger.

13. donnagel (s. V. 91).

a. Dies Wort ist im Lippischen allgemein bekannt als Bezeichnung für grosse eiserne Nägel. Der Nagelschmidt wird, wenn sie bestellt werden, nur fragen, ob sie 6, 7 oder mehr Zoll lang sein sollen. Wenn der Zimmermann bei Reparaturen das Holz aus Mangel an Raum nicht mit einem Zapfen befestigen kann, nagelt er es mit grossen Nägeln (mit Donnägeln) an. Meinberg.   Schierenberg.

b. Das Wort donnagel braucht nicht, wie vorgeschlagen worden ist, durch eine Konjektur verändert zu werden. Das Substantivum bezeichnet nämlich einen grossen eisernen Nagel und wird noch jetzt in der Umgegend von Hameln in derselben Bedeutung gebraucht. Die erste Silbe don, deren Vokal kurz ist, lässt sich auf das ahd. don (done) = Spannung zurückführen.
Emden.   H. Deiter.

14. Scheif-As (s. III. 84).

Diese Redensart habe ich zwei Mal in meinem Leben von Oderbrüchern aus der Gegend von Wriezen gehört, und zwar sagte der eine 'nu is Scheefalts rate'; ein anderer mehrere Jahre später und an einem anderen Orte 'nu heefst Scheefhals rade' oder 'nu heefst 't Scheefals Rade'. Die von Reuter gegebene Erklärung ist zutreffend, der Wortsinn aber nicht zu enträtseln. Oppeln.   Grabow.

15. schöl plögen (s. V. 96).

a. Schöl plögen ist von Schleswig durch Holstein, den Travemünder Winkel bis in Mecklenburg hinein ein ganz bekannter Ausdruck. Er bezeichnet aber eigentlich nicht 'flach pflügen', sondern das erste Pflügen, durch welches der Dreesch, die Narbe des Weidelandes, abgehoben wird. Das muss sehr sorgfältig geschehen, weil, wenn zu tief gepflügt wird, der Boden nicht gar wird. Deshalb überlässt es der Bauer meistens nicht seinen Knechten, sondern thut es selbst, häufig die einzige Feldarbeit, welche er verrichtet. Lübeck.   Aug. Sartori.

b. Der Ausdruck ist wohl erklärlich. Bei uns im Ravonsbergischen sagt man nicht so, sondern: fchille plögen, fchille subatant. = de fchille = Schale. Wenn im Spätherbst mit dem Pfluge gepflügt ist, wird im Frühjahr nur mit der Eggo gepflügt, d. i. nur sanft hinübergefahren, die Schale abgeschült; so wird auch der Apfel, die Kartoffel afschilt. Das

Roggenfeld wird nur mit der Egge abgeschält, dann kommt die andere Frucht darauf. Der eigentlich technische Ausdruck aber für: de fchülle plögen ist: ftrêken = streichen. Damit steht wohl die sichere Erklärung fest.
Herford. Hölscher.

c. Sollte bezüglich dieses Ausdrucks nicht eher an unser 'Schale' (schâl) zu denken sein, als an das englische shoal, das ja zunächst einen Schwarm (näml. von Fischen) bezeichnet, und wie mir scheint mit shallow nicht zusammenzustellen ist, das auch wohl auf Schale (shell) sich zurückführen lässt.

Die Schale des Bodens wird nur abgepflügt; strecken, striken nennt man es hier, wenn nur die obere Narbe des Ackers abgestreift wird. Ackerwirthe, die ich befragte, sagen mir, dass der Ausdruck schöl plögen oder auch schölen hier bekannt ist; sie erklärten ihn auch durch Schale und schülen. Meinberg. Schierenberg.

d In den Gegenden, wo schöl plögen für eine bestimmte Arbeit, die mit dem Pfluge geschieht, gesagt wird, erscheint, so viel ich weiss, das hochdeutsche Wort Schale, so fern es testa bedeutet, stets als schel. Mit diesem Worte schel wird das erwähnte schöl in einem unmittelbaren Zusammenhange gewiss nicht stehen.
Hamburg. W. H. Mielck.

e. Zu den von Walther beigebrachten Wörtern kann ich aus der Sprache in den hamburger Marschlanden noch einiges hinzufügen. Gäng und gebe zunächst ist das Verbum 'schölen, schälen'. Es bedeutet das Anspülen des Wassers am Deich, wie auch in Müllenhoff's Glossar zu Groths Quickborn angegeben. In den Deichschauungsprotokollen kömmt ebenso wie im Gespräch der Ausdruck 'Schölstellen' vor, d. h. Stellen des Deichs, welche durch das Anspülen des Wassers blossgelegt, beschädigt sind und der Besserung bedürfen. Z. B.: N. N. hat die Schölstellen zu besoden. Ferner habe ich gehört 'dat water schöll (ä) dar öber hen' und 'dat reef schöll eben ut dat water harut'. In letzterm Ausdrucke wird das Riff als das schölende bezeichnet, während eigentlich das Wasser um das Riff herumschöllt.

Schallen heisst das ausserhalb des Deichs sich langhin erstreckende, bei jeder Fluth vom Wasser überspülte Vorland; über dieses und anderes hingehörige s. Bremer Wb. IV, 601.

Unterhalb Haseldorf findet sich der Ortsname Scholenfleth.
Hamburg. J. Fr. Voigt.

---

16. verschot, vrantschop (s. V. 93).

Die Stelle, in der das Wort vorkommen soll, gehört dem Dortmunder Urtheilsbuche des 14. Jahrh. an, das soeben in meiner Ausgabe der Dortmunder Statuten und Urtheile (Hansische Geschichtsqu. Bd. 3) erscheint, und lautet der Handschrift gemäss so: eyn wedewe, dey ghefcheden were van eren kinderen, dey mach buten ar vörsocht ere varende have gheven unde laten van der hand, weme se wel (III 76, S. 86). Späte Statutenhandschriften haben das kritische Wort entstellt zu verschot; so in dem Druck bei Fahne, Dortmund 3 S. 58 u. 211, wo ausserdem noch gegen die benutzte Handschrift varende have in vadere have verkehrt ist. Die Bedeutung von vörsocht ist 'Siechbett', vgl. lat. Dortm. Stat. I 14: si aliquis egrotat ad mortem qnod theutonice in sire vyrsogt dicitur (S. 28 meiner Ausg.) III 68: eyn mensche de leghe an siner vorsocht eder an sime dode, wo die späteren Hss. 'versucht' lesen (S. 64 das.).
Göttingen. F. Frensdorff.

17. waltemate (s. V. 93).

Die Namensformen Waltemate und Waltemath finden sich in hiesiger Gegend in Masse, die Form Waltemater niemals.
Bückeburg.   H. Babucke.

18. Anfragen:

a. In meiner Heimatsgegend (Königsberg i. Pr.) heisst die männliche Ente de Erpel. Das Wort ist hier ganz unbekannt. Dagegen findet sich hier das mir früher unbekannt gewesene Wort de Drake, auch in Zusammensetzungen z. B. de Drakenpöl (der Entenpfuhl), eine Strasse in Bückeburg. Wie weit ist das Wort de Drake bekannt?
Bückeburg.   H. Babucke.

b. Die Statuten der Schuster-Gilde zu Steele, bestätigt von der Fürst-Abtissin Franzisca Christina im J. 1751, enthalten eine Bestimmung, wonach das Meisterstück darin bestehen soll, dass der Geselle ein Paar Manne-schue, ein Paar frauen-schue und ein Paar frauen-Mühlen zusammen in 18 Stunden verfertige.

Das Wort 'Mühlen' — auch wol Möle oder Mölle ausgesprochen, ist nur noch sehr wenig gebräuchlich; man versteht darunter eine Art leichter Pantoffeln ohne Absätze und Fersenschluss; heute nennt man sie im Volksmund 'Schluffen' oder 'Luren'. Kommt die Bezeichnung 'Mühlen' auch anderwärts vor und wie leitet man sie ab?
Steele.   W. Grevel.

c. Ist das Sprichwort: „so fett fiedelt Lux nich" weit verbreitet? woher stammt es? Neustrelitz.   D. Zander.

d. In der Umgegend von Berlin gibt es eine Redensart: 'det is Mus wie Mine' mit der Bedeutung: es ist einerlei, ob ich so oder so handele, denn ich habe jedenfalls Nachteil dabei.

Weiss jemand eine Worterklärung zu geben?
Oppeln.   Grabow.

19. Theologische Weisheit.

Also vele alse du god lof best,
also vele vruchtestu god.
Also vele alse du god vruchtest,
also vele bewarest du dik vor sunden.
Also vele alse du dik vor sunden bewarest,
also vele bistu bij dik suluen.
Also vele alse du bij dik suluen bist,
also vele bekennestu dik suluen.
Also vele alse du dik suluen bekennest,
also vele vorsmastu dik suluen.
Also vele alse du dik suluen vorsmaest,
also wenich klagestu dijnen ghebreken.
Also wenich alse du dijne gebreke clagest,
also duldich bistu.
Also duldich alse du bist,
also wenich begherestu loues.
Also wenich alse du loues begherest,
also wenich vorsmadestu den, de dik vorsmad.
Also wenich alse du den vorsmadest, de dik vorsmat,
also wenich bistu dijnes sulues.

Also wenich alse du dines sulues willen bist,
also vele is dij god leff.
Also vele alse dij god lef is,
also vele wultu, dat god wel.
Also vele alse du wult, dat god wel,
also vele wel god, dat du wult.
Hirvmme van deme ersten to deme lesten:
Also vele alse du god leff hest,
also vele wel god, dat du wult;
Vnn also blifstu an gode, also sunte Johannes secht.

Nach der Papierhandschrift Nr. 64, fol. 204 b, welche dem 15 saec. angehört und in der Bibliothek der hiesigen „Kunst" aufbewahrt wird.

Emden. II. Deiter.

III. Notizen und Anzeigen.

1. Beiträge fürs Jahrbuch sind einem der Mitglieder des Redaktionsausschusses (s. II, 57) einzuschicken.

2. Zusendungen fürs Korrespondenzblatt bitten wir an W. H. Mielck, Hamburg, Dammtorstraße 27, zu richten.

3. Bemerkungen und Klagen, welche sich auf Versand und Empfang des Korrespondenzblattes beziehen, bittet Ebengenannter fernerhin direkt der Expedition 'Fr. Culemann, Buchdruckerei in Hannover, Osterstraße' zu übermachen.

4. Einzelnummern früherer Jahrgänge sind, soweit der Restvorrat an solchen reicht, nur erhältlich durch J. Kühtmann's Buchhandlung in Bremen. Die Nummer von 8 Seiten kostet 25 Pf., die von 16 Seiten 40 Pf., einbegriffen freie Zusendung. Der Betrag kann in Briefmarken der Bestellung beigelegt werden.

5. Für den Verein dankend empfangen:
Urkundensammlung der Gesellschaft für Schleswig-Holstein-Lauenburgische Geschichte. Dritter Band. Zweiter Theil. Fehmarusche Urkunden und Regesten. Kiel, in Commission der Universitätsbuchhandlung. 1880. (Herausgeber: Dr. ph. Kohlmann, kgl. Archivsekretär in Schleswig). Aus Schleswig.

6. Ihren Jahresbeitrag für das Jahr 1880 haben ferner eingeschickt:
a. Anstalten und Vereine: Düsseldorf-Kgl. Landesbibliothek.
b. Mitglieder: Abde-Neuwied, Ahlers-Neubrandenburg, Ahrens-Kiel, Dieicken-Ottensen, Bartsch-Heidelberg, Carstens-Dahrenwurth, Compart-Güstrow, Eduardi-Leipzig, Erzgräber-Ottetrow, Gross-Verden, Hambüchen-M.-Gladbach, Hager-Cambridge, Heyne-Basel, Hübener-Flensburg, Hirsch-Bromberg, Hemme-Einbeck, Joseph-Strassburg, Kochendörffer-Marburg, Kanmanns-Dann, Lechleitner-Darop, Metz-Bielefeld, Mammenhoff-Recklinghausen, Nolen-'sGravenhage, Oeltjen-Löhen, Pruuss-Detmold, Prieger-Bonn, Sandvoss-Rom, Schouffgen-Montigny, Schierenberg-Meinberg, Tümpel-Hamburg, Weipmann-Hagen, Wagener-Magdeburg, Warther-Rostock, Wülcker-Leipzig, Zachau-Schwedt.
c. Bezirke: Braunschweig-Hänselmann, Stegmann, Gymnasialbibliothek, Stadtbibliothek. Elberfeld-Aisler, Crocelius, Fluss, Gebhard, Hengstenberg, Herwig, Kaiser, Klammer, Martens, Müller, Rothstein, Schmeding, Staudt, Willmers, Zange. Greifswald-Baier, Pyl, Helfferscheid, von Schultz. Hamburg-Radekow, Benecke, Berthean, Bigot, Brockmann, Caspar, Clamen, Frisch, Gloede, Grefe, Gries, von Halen, Harms, Hillerns, Hoche, Köhler, Koppmann, Matzen, B. Mielck, Miller, Mönckeberg, Mussen, Prochownik, Ritter, Rüdiger, Stadtbibliothek, Stammann, Stahlmann, Ulex, Ulex, Veit, Voigt, Wätzoldt, Wohlwill, Zacharias, Zahn. Hannover-Colshorn, Culemann, Jugler, Meyer, Mohrmann, Othmar, Rosenthal, Stadtbibliothek. Münster-Boele, Drungert, Fechtrup, Ficker, Geisberg, Kappenberg, Kühlwetter-Exc., Plassmann, Scheffer-Boichhorst, Wormstall, Provinzialverein. Oldenburg-Brake, Hattenbach, Janssen, Lübben, Meinardus, Mosen, Strackerjan, Strackerjan, Landesbibliothek, Grossherr. Privatbibliothek. Uelzen-Busch, Link, Lüdemann, Müller, Pauli, Reifstein, Starcke. Wolfenbüttel-von Alten, Milchsack, Quidde, Zimmermann, Herzogl. Bibliothek, Ortsverein.

Für den Inhalt verantwortlich: W. H. Mielck in Hamburg. — Druck von Fr. Culemann in Hannover.

Korrespondenzblatt
des Vereins
für niederdeutsche Sprachforschung.

I. Kundgebungen des Vorstandes.

1. Veränderungen im Vereinsstande.

Eingetreten in den Verein sind die Herren:
J. Hermann, Zahntechniker, Köln, Eloginsplatz 4.
Dr. N. Techen, Arzt, Wismar.
Der Verein betrauert den Tod folgender Mitglieder:
G. Othmer in Hannover.
Dr. Otto in Köln.
Professor Kappenberg in Münster.
Bankdirektor L. Strackerjan in Oldenburg.
Veränderte Adressen:
cand. theol. J. Wilmers, bisher in Elberfeld, jetzt in Magdeburg, grofse Klosterstrafse 5.
Berichtigung.
In voriger Nummer mufs es statt Schippel, Gymnasiallehrer, Oldenburg, heifsen: Dr. ph. Schnippel, Gymnasiallehrer, Oldenburg.

2. Jahresversammlung in Herford.

Als Zeitpunkt unserer Zusammenkunft in Herford ist in Rücksicht auf die im Rheinlande und in Westfalen eingeführte Ferienordnung der 16. und 17. September angesetzt worden. Es fallen diese Tage auf den Freitag und Sonnabend der letzten Woche der Sommer-Ferien.
Es wird geboten, Anfragen wegen der Jahresversammlung, Anmeldungen zu Vorträgen und zu Mitteilungen in der Versammlung entweder an den Präses des Vereins, Herrn Dr. A. Lübben in Oldenburg oder an Herrn Professor L. Hölscher in Herford zu richten.

II. Mitteilungen aus dem Mitgliederkreise.

1. Märkisches.

Die folgenden Redensarten scheinen in Berlin unbekannt zu sein, kommen aber in dessen nördlicher Umgebung vor und wurden mir von einer bejahrten Frau aus der Gegend von Eberswalde bestätigt.
1. Mein jenner bezeichnet gegen Ende der Rede die Person, der sich das Interesse hauptsächlich zuwendet: Mein jenner zeicht det an — Wie mein jenner merkt etc. Man könnte glauben, dass hier 'mein Gönner' ironisch gebraucht sei; dass aber das in der Mark zum Teil jenner gesprochene Pronomen gemeint ist, zeigt: Meine jenne fackelde nich

lange. Sollte sich dieser merkwürdige Gebrauch nicht auch anderwärts finden?

2. Statt: dem habe ich es gewicket (dem habe ich eine Strafpredigt etc. zugedacht, cfr. V. 79. e.) heisst es in der Mark sonderbarerweise: den habicket jewickelt.

3. Eine seltsame Unthat wird den Juden aufgehalst: Die Juden haben Prach verraten vor enen Sechser. Bei Eberswalde sagte man zu einem, der sich nicht gehörig sputet: Du löppst jo gerâde, as wenn de Juden na Pra(ch) trecken. Was die Juden dort wollen, wusste die genannte Frau nicht anzugeben; von dem Verrat Prenzlaus (V. 59), das von ihrer Heimat doch gar nicht so weit entfernt ist, war ihr nichts bekannt.

4. Es würde sich wohl lohnen, einmal die verschiedenen ndd. Formen der Worte Bischen und Mädchen (Magd) zu sammeln. Aus der Mark kann ich beibringen: bisken (Berlin), bitsken (im Teltow), betijen (nach dem Flüming zu), bütschken (bei Eberswalde), bitschen (Ukermark). — möchen (Berlin), mäken, mad pl. müdo (bei Eberswalde).

Berlin.   B. Graupe.

2. Imperativische Thier- und Pflanzennamen (s. II, 49. 76. V, 65).

a. klemm op (V, 65) kommt als Pflanzenname auch in Elberfeld vor, bezeichnet aber dort meines Wissens ausschliesslich die nach Art der Winden an Stangen, Fäden und dgl. in die Höhe rankende (opklemmende) Kapuzinerkresse (Tropaeolum maius).

Schleis.   Schulta.

b. kik int Ei, Parus major (V, 65) ist nur die Nachahmung des Sommer- oder Parungsrufe der Kohlmeise; vielleicht danach Name des Thierchens in der Kindersprache. Im Göttingischen lautet die Nachahmung 'Schit int dörp'. Vgl. Wolf, Ztschr. f. d. Mythol. 3, 178.

wêerkomen, kumwedder (V. 65) diese Pflanze, in meiner Jugend noch von Kräuterweibern verkauft, hiess auch verborgen wedderda und ist Lathraea squamaria L. Weil dieses parasitische Gewächs nach dem Blühen im Mai bis zum nächsten Jahre unsichtbar wird, erhielt es davon die Namen; diese verführten dann dazu, sie als Mittel gegen Ausbleiben der Milch zu brauchen. Rostock.   K. E. H. Krause.

c. (Zum mnd. Wb.) In dem unten unter Nummer 12 erwähnten alten Drucke findet sich auf fol. s folgendes:

Stoppe dat lock, effte dorchwafs, lepelkrudt, effte Navelkrudt, Perfolinta.

Nemnich, Wb. der Naturgeschichte, Bd. V und VI, sp. 579 hat: Stopsloch. a) Bupleurum rotundifolium; b) Herniaria glabra. Die angeführten Synonyma dorchwafs und Navelkrudt führen darauf, dass ndrd. Stoppe dat lock als Namen für Bupleurum rotundifolium aufzufassen.

Hamburg.   W. H. Mielck.

3. Ortsnamen auf 'au'.

a. — ow, au.

C. E. F. Dalmer, Sammlung etlicher Nachrichten aus der Zeit und dem Leben des D. Albr. Joach. v. Krakewitz, Stralsund. 1862, sagt S. 142 Anm.: „Gristau, so schrieb man damals" (Anfang des 18. Jahrh.) „und noch viel später nach französischer Weise die Wendischen Ortsnamen auf ow". Bekanntlich ist dieses — au aber die Germanisirung der slavischen Endung ow, die von den Niedersachsen schon früh in 'awe' den niederdeutschen

Namensbildungen angeglichen wurde. Leider hat man in neuerer Zeit diese naturwüchsige Weise verlassen, zeitweilig schrieb man fast ständig schon Lüchau, Grabau, Bülau etc. Gristow liegt in Pommern, v. Krakewitz war Generalsuperintendent der schwedischen Provinz.
Rostock.   K. E. H. Krause.

b. **Darzau.**

Meines Wissens ist bis jetzt noch kein Versuch gemacht, den Namen des Dorfes Darzau, in dessen Nähe bekanntlich vor mehreren Jahren eins der ergiebigsten Felder mit Hünengräbern gefunden wurde, etymologisch zu erklären. Sollte das Wort nicht von Dart, Speer, Pfeil und Aue abzuleiten sein? Man braucht nur den Genitiv des Wortes Dart mit Aue zu verbinden und man hat einen Namen von gleichem Klange, wie dies jetzt Darzau geschriebene Wort; Dartsau = Darzau. Wie bekannt, dient das Wort Dart im Englischen neben seiner appellativen Bedeutung auch zur Bezeichnung eines Flusses, der in schnellem Laufe von den Bergen von Cornwallis herabströmt, den Dartford bildet und bei Dartmouth in den Canal mündet. (Ich erinnere an Tigris = Pfeil). Das Wort Dartsau würde danach: Speer- oder Pfeilaue bedeuten und auf eine dort geschlagene Schlacht oder auf dort mit ihren Waffen bestattete Krieger hinweisen.
Hannover.   H. Mohrmann.

4. Nobiskrug (s. V. 28 ff.).

a. Es giebt im Stadingerlande auch eine 'Nobiskuhle', d. h. eine alte vor vielen Jahrhunderten bei einem Deichbruch eingerissene Brake mit Wasser, also eine Vertiefung binnen Deichs aber unmittelbar am Deich, am Rande der Vogtei. Die Kuhle war Staatsgut und ist kürzlich den Anliegern zum Eigenthum überlassen.
Oldenburg.   Janssen.

b. Nobiskrug auch im Kirchspiel Sandel.
Oldenburg.   A. Lübben.

5. Wörterpaare (s. V. 70).

An stab- und endreimenden Wörterpaaren ist die niederländische Volkssprache in allen ihren Mundarten unendlich reich. Das gröninger-ländische 'hijlendal' aber, was man sonst wohl für analog mit dem niederdeutschen 'heel un dal' halten könnte, gehört nicht hieher. Es ist einfach hijl (sprich ungefähr heil) end al, holländisch heel end al, deutsch ganz und gar. End, auch ende (wie das alt-niederdeutsche unde) ist alt-niederländisch für das jetzige en, und kommt in mehreren Volksausdrücken noch vor.   Haarlem.   Johan Winkler.

6. bedriten (s. VI, 6).

Das zu diesem Verbum gehörende, dem engl. dirt (= Dreck, Schmutz) entsprechende Substantiv ist übrigens keineswegs, wie es dort heisst, 'im Deutschen verloren'. Schon dort wird auf das von Woeste im Korrespondenzbl. I, S. 68 unter dört mitgetheilte drit, südwestfäl. driet verwiesen. Ich kann hinzufügen, dass in meiner Heimat Elberfeld dasselbe Wort noch heute nicht nur ganz allgemein vorkommt, sondern im dortigen Dialekt geradezu ausschliesslich oder wenigstens andere Ausdrücke stark überwiegend gebräuchlich ist. Wie weit der Verbreitungsbezirk des Wortes ist, weiss ich nicht anzugeben. Das Verb driten (= cacare) flectiert stark (drite, drêt, gedrêten), dazu bedriten; das Subst. drite (nb. fem., während Woeste jenes driat als masc. angiebt) bezeichnet stercus, merda, dann aber auch wie die entsprechenden andern niederdeutschen und hochdeutschen Ausdrücke überhaupt Schmutz, Kot, 'Dreck' in natürlichem wie in übertragenem Sinne. Ein Verb schiten und das dazu gehörende Subst. kommt im Elberfelder Platt kaum vor, jedenfalls weit seltener als das andere Wort, welches für sich wie in einer Menge von Zusammensetzungen und Redensarten im Munde des Volkes alltäglich ist. Ganz geläufig ist auch die alliterierende Formel dreck on drite zur Bezeichnung von (bes. nassem, schlammigem) Schmutz, so: dörch dreck on drite, etwa = durch Dick und Dünn, durch den tiefsten Kot. Besonders interessant ist die Thatsache, dass, im Gegensatz zu dem von Schierenberg mit Recht hervorgehobenen Streben des Volksdialektes, sich dem Hochdeutschen zu accomodiren, unser plattdeutsches Wort in Elberfeld, statt sich durch das Hochdeutsche verdrängen zu lassen, sogar Terrain gewonnen hat. In dem aus Hoch- und Plattdeutsch gemischten Jargon, wie er z. B. bei Kindern hochdeutschredender Eltern im täglichen Verkehr mit plattdeutschen Schul- und Spielkameraden sich bildet, erscheint unser plattdeutsches Wort 'verhochdeutscht' als dreissen (drifs, gedrissen) und Subst. Dreifse (f.), bei welcher Bildung ohne Zweifel die Form des mit sch beginnenden, entsprechenden hochdeutschen Wortes von Einfluss gewesen. Ich erinnere mich, welches Gaudium es s. Z. unter der Schuljugend erregte, als in Elberfeld oder Barmen zwei Brüder namens Drissen ein gemeinschaftliches Geschäft errichteten (so wurde wenigstens erzählt) unter der Firma G. und B. Drissen!

Schleiz. H. Schultz.

7. Flöten gahn (s. V. 67).

a. Freund Latendorf zweifelt, ob ich meine Erklärung verleden gan angesichts einer von Woeste angezogenen Urkunde noch festhalte. Ich thue das allerdings, weil das floten gan in jener Stelle mit unserm flöten gehn gar nichts zu thun hat. Woeste verstand nach Kilian: vloten = natare, macht aber gleich 'über See gehen' daraus, was denn doch etwas abliegt und schliesst gewaltsam genug: weil ein über See gehender als verloren zu betrachten war, so habe sich die Gleichung: vloten gan = über See gehen = verschollen sein bilden können. Das ist mir zu glauben nicht wohl möglich. Die Verba teyn, varen, floten gan in der Urkunde sind nahezu synonym, aber floten ist dort wirklich = natare, nur scheint der Sinn des Wortes sich ähnlich nüancirt zu haben, wie das heutige aus Reuter bekannte: Stromer und Stromtid. Das heutige flöten gahn hat damit, meine ich, nichts zu thun; es ist unverstandenes nd. verleden (genauer vleden) gan und erst aus dem quasi-Hochdeutschen ins nd. als floiten gan zurückübersetzt.

Rom. F. Sandvoss.

b. Latendorf beruft sich, um ein höheres Alter der Redensart 'flöten gahn' zu erweisen, auf eine von Woeste (bei Frommann VII, 433) mitgetheilte Urkunde, die sich bei Seibertz, Westf. Urk. 968 findet. In dieser steckt aber ein Interpunktionsfehler; es muss nämlich nach vloten ein Komma stehen: sey moget teyn, voren, vloten, gan, in wat heren land sey lustet. vloten behält hier seine übliche Bedeutung, die es namentlich in Verbindung mit voren hat: zu Wasser fortbewegen. Die Stelle besagt

demnach: sie mögen ziehen, zu Lande oder zu Wasser (sich oder ihre Habe) bewegen, gehen, wohin sie wollen, d. h. sie haben die Freiheit der Bewegung jeder Art, wohin sie wollen. Von einem 'über See gehen' ist nicht im entferntesten die Rede. In Freibriefen für reisende Kaufleute kommt diese Wendung häufig vor; auch das Asyndeton ist diesen Formeln nicht unüblich. So lese ich heute in dem neuesten Hefte des Lübecker Urkundenbuches VI, nr. 677 beispielsweise: hirvp so schal N. N. Lemmeken vnde der sinen velich wesen .. in dem lande to Holsten to ridende, to gande, stande, sync sculde darsulues to manende. Ok en schal etc.
 Oldenburg.   A. Lübben.

 c. Im niederländischen heisst 'fluiten gaan' ganz dasselbe, was 'flöten gehn' im deutschen, 'at gaae flöite' im dänischen heisst. 'Fluiten' (sprich flouten) heisst pfeifen mit den Lippen, und 'fluit' ist Flöte. Da nun im niederländischen 'vloten (vlotten, vlieten)' = natare noch im vollem Brauch ist, so möchte ich doch die Ableitung von 'fluiten gaan' aus 'vloten gaan' bezweifeln. Soll der Ausdruck nicht vielmehr buchstäblich zu erklären sein? Einer, der irgendwie entwischt, pflegt wohl, sobald er sich geborgen oder sicher weiss, sich umzukehren, und seinen Verfolgern zum Hohn ein Stückchen vor zu pfeifen (flöten, fluiten, flöite).
 Haarlem.   Johan Winkler.

8. Jageldage.

 Vor längerer Zeit hörte ich eine alte Waschfrau, welche von den drei bösen oft Hagel und sogar Eis bringenden Heiligen Mamertus, Pancratius, Servatius (11. — 13. Mai) sprach, diese Tage de Jageldage nennen. Mir war, obwohl auf dem Lande gross geworden, niemals dieser Ausdruck zu Ohren gekommen, und meine Erkundigungen nach verschiedenen Richtungen hier in der Umgegend ergaben, dass derselbe völlig unbekannt sei. Als ich nun in diesen Tagen jene Frau fragte, wo sie das Wort her habe, sagte sie, sie habe als junges Mädchen bei einem alten Bauer in Pönitz, einem Dorfe in der Nähe der Eisenbahnstation Oleschendorf, gedient, und dieser habe oft gesagt, man dürfe vor den Jageldagen keine Gurkenkerne legen: anderswo und seitdem habe sie es niemals gehört.
 Es ist mir unzweifelhaft, dass ich das Glück gehabt habe, ein so zu sagen vom Baume der Sprache abgefallenes Blatt aufzufinden, ein altehrwürdiges, bereits abgestorbenes Wort unsrer Sprache, in welchem ich das an jökull, Eisberg, (jaki, Eisscholle) ags. gicel, Eiszapfen (adj. gicelig, eisig) wieder erkenne.
 Es würde mir vom grössten Interesse sein, zu erfahren, ob etwa sonst irgendwo in deutschen Landen dieses Wort Jageldage noch lebendig oder wenigstens aus älterer Zeit bekannt ist.   Eutin.   W. Knorr.

9. Mandeltag, Mengeltag (S. IV, 53 ff.)

ist der grüne Donnerstag und seine Ableitung ist nur allein von dem feierlichen, kirchlich sehr viel verwerteten mandatum do hoc vobis, wie ich Köln. Kroniken, Glossar zu Dd. 2, 3, S. 993ᵇ dargetan habe. Alle andern Erklärungen sind nichtig. Vergl. meine Alemannia I, 150. III, 40. Mir liegen gerade zwei Stellen aus einer Handschrift des 15. Jhds. vor, die Kirchliches ad Ecclesiam in Rolinchusen (Rollinghausen bei Essen und Werden) behandeln. Item smalen deynst deylet men to 30 vn dat heyligen vlesche

vñ den Salmen vñ den baken, den wyn und vñ dat brot vor mendeldagh
sal man deylen to 34 mallich 2 broit' u. s. w. 'Item to mengeldage
III ember beyrs'. Perg. Blatt. Düsseldorf.
Bonn. Anton Birlinger.

10. Tidelose, Sittelose (s. II, 65, V. 03, Jahrbuch IV. 65 ff.).

a. Narcissus Pseudonarcissus, welche vereinzelt wohl Tielose genannt wird, gehört der Flora des niederdeutschen Sprachgebiets gar nicht an, sondern findet sich nur hin und wieder verwildert. Jüngst hätte sie nur mit dieser Bemerkung aufnehmen sollen. Uebrigens steht in meiner Ausgabe von Jüngst's Flora nichts davon, dass sie bei Minden häufig wachse. Kittel gibt in seiner Flora von Deutschland als Ort ihres Vorkommens 'Voralpenwiesen' an, ähnlich andere Floren. Dass die gelbe Primel (Primula veris) auch Tielösken genannt werde, wie Jollinghaus angibt, ist mir völlig neu. Das Volk bezeichnet hier das Schneeglöckchen, Leucojum vernum als Tielose, Tilösken; aber ich weiss, dass man die gelbe Narcisse vereinzelt als Tilose, aber gewöhnlich dann als gele Tilose bezeichnet und dass man das Marienblümchen auch hin und wieder so nennt, habe ich durch Erkundigung in Erfahrung gebracht. Der Festtag der Maria, Mariae Verkündigung ist eine Zeitlosung, er fällt in die nämliche Zeit, wenn Galanthus nivalis, Leucojum vernum, Narcissus Pseudonarcissus, Primula veris blühen. Alles dieses deutet doch darauf hin, dass man diese Blume als ein Losungszeichen des Frühlings bezeichnen wollte. Dass man Colchicum autumnale Herbstzeitlose nennt, spricht ebenfalls dafür. Die gelbe Narcisse scheint, da sie eigentlich nur eine Gartenblume ist, hier nicht die Berücksichtigung zu verdienen, die man ihr zukommen liess.
Meinberg. Schierenberg.

b. Zum Vorkommen des Namens Zeitlose kann ich folgenden Beitrag beisteuern aus einer Incunabel der hiesigen Stadtbibliothek vom Jahre 1483, welche als Libellus herbarius, auch als promptuarium Medicinae, veredicheyt der artzedige bezeichnet wird. Verfasser, Drucker, Druckort sind unbekannt.
In alphabetischer Reihenfolge werden die Heilkräuter abgehandelt und so folgt unter C:
Cytelozen hermodactili dedo wyt en bynnen synt unde dicht ane hole de synt best. Alle jar schal me yo nige versche hebben wante se baven eyn iar artzedige nicht nutte synt.
Darnach kommt eine Reihe von Vorschriften, in denen das Wort cytelose wiederholt erscheint.
Unter S dann findet man folgendes:
Squillen Swedelock Titolofze Scallcke alle quede lock droestock romesche cipolle, Altomale ein dink. Squille de alleyne wasset unde nicht geplantet is docht nicht in artzedige, wente de is vorgyftlich u. s. w.
Lüneburg. Sprengell.

c. Zu den schönen und überzeugenden Auseinandersetzungen von Sprenger (Kor. Bl. 2, 65) und Miclck (Jahrb. 4 (1878), 65 ff.) kann ich freilich nicht die ursprüngliche Pflanze, doch vermuthlich die Namensherkunft liefern. Die „schöne", „liebe", „stolze" Zitlöse, Sittelose, das Symbol der Jungfrau Maria, muss eine der Prachtzwiebelblumen des Mittelalters gewesen sein und wird sich bei Achtsamkeit wohl einmal in den Miniaturen der Gebetbücher finden, wie ich dort die Nelke schon fand. Der Name

stammt sicher aus dem Italienischen; dort heisst cita, zitta und in demin. zittella = fanciullina, Mädchen, Jungfrau, und oso (audax) ist stolz. Zitella osa ist also stolze Jungfrau, stolzes Mägdlein.
Rostock. R. E. Π. Krause.

11. Tilebár.

Im Mndd. Wb. wird dies Wort als tilbere angesetzt und zweimal belegt, einmal in der Form tilbere, einmal als tylebcr. Nach dieser letzteren Schreibung muss das i lang sein: kurzes i in offener Silbe geht nämlich bereits im Mndd. in e (fast wie ä, frz. è gesprochen) über. Auch wird die Länge des Vocals bestätigt durch das entsprechende hd. Zeidelbär. Ursprünglich muss das Wort also tidelbere oder tidelbare gelautet haben. Ausfall des d zwischen zwei Vocalen ist bekanntlich in niederdeutschen Dialecten sehr häufig: man sagt Vaar für Vader, raaen für raden, Wai für Waide u. s. w. Tilebár wird durch Vocalumstellung aus Tiðlbár entstanden sein.

Das Wort existiert in Hamburg in einer Redensart, welche bereits Richey im hamburgischen Idiotikon 1755 und nach ihm Schütze im holsteinischen Idiotikon 1800 verzeichnet hat: brummen as en Tilebár. Strodtmann im Osnabrückischen Idiotikon 1756 kennt Tylbaar als Bezeichnung eines groben, starken Menschen. So auch Tilebür bei Schambach, Götting.-Grubenhag. Idiotikon 1858 für einen Grobian, Tölpel. Es giebt aber in Hamburg und Stormarn noch ein zweites Wort, welches offenbar gleichfalls den ersten Bestandtheil jenes Compositums enthält: Tillock oder Tilock, wie das Flugloch am Bienenkorbe heisst. Im Lüneburgischen wird, wie unser Mitglied H. Köhler mich belehrt, dasselbe de Tiel (masc.) genannt, worin ich nicht das sonst unnachweisbare Simplex tidel, sondern die verkürzte Form eines Compositums oder wenigstens einer durch Suffix abgeleiteten Bildung finde. Im Ostfriesischen heisst das Flugloch der Immenkörbe tlgatt, das von Stürenburg und ten Doornkaat-Koolman in ihren ostfriesischen Wörterbüchern von ilen, eilen, abgeleitet wird. Sollte nicht ein Tilgatt zu Grunde liegen, das, weil nicht mehr verstanden, verändert und verständlicht ward?

Auch in einigen Namen scheint tidel oder tiel erhalten. Wenigstens würde sich der Hamburger Familienname Thielebein, da beine eine niederdeutsche Form für Biene ist, sehr gut durch Zeidelbiene übersetzen lassen. In den Beyträgen zur Erläuterung der Civil-, Kirchen- und Gelehrten-Historie der Herzogthümer Schleswig und Hollstein (von Noodt) Bd. I Stück 3 (1745) S. 264 hat ein Eckernförder Bürgermeister (i. J. 1601) den Zunamen Tienbehr. Entstellung aus ursprünglichem Tielbehr darf, so lange eine plausiblere Erklärung nicht gefunden ist, mit Bezug auf Vertauschung von l und n im In- und Auslaut mancher anderer Namen und Wörter vermuthet werden.

Von Ortsnamen wage ich nur einen als sicher hierherzuziehen, nämlich das grosso und kleine Tieloh, wie zwei zu Darmbeck bei Hamburg gehörige Landstücke heissen. Denn die Uebersetzung 'Bienenheide' oder 'Bienenwald' giebt einen trefflichen Sinn, und nicht weit von diesen Localitäten liegt eine Imstedtwisch, d. h. Bienenstättewiese. Weniger bestimmt deute ich aus tidel den hamburgischen Strassennamen Thielbek. Wichmann (Hamburgische) Heimatskunde 1863, nimt an, dass der Bach, von dem die Strasse offenbar den Namen entlehnt hat, ursprünglich den Namen Tejelbek, d. i. Ziegelbach, geführt habe. Allein diese Form lässt sich nicht nachweisen, sondern von seiner ersten urkundlichen Erwähnung an (1614, s. Neddermeyer, Topographie von Hamburg, 1832, S. 65) kommt der Name nur in der Form Thielbeck oder Tielbeck vor. Auch kann nach den Lautgesetzen des hamburgischen Dialekts aus einem ei oder ej, welches aus ego entstanden ist, nimmer 1 werden. Der Name der hamburgischen Strasse Teilfeld, d. h. historisch nachweisbar Ziegelfeld, z. B. bietet nie eine Variante Tielfeld dar, und Ziegel lautet bis auf den heutigen Tag in unserer Mundart Tegel, Tejel oder Teiel, nie Tiel; Segel wird zu Seiel und nicht zu Siel, pegeln zu peilen und nicht zu pilen, Magd hat die Nebenform Maid, aber nicht Mid, u. s. w. So lange also keine bessere Ableitung gefunden wird, möchte ich annehmen, dass der Thielbek ein Bach gewesen, dessen Ufer den Bienen einst reichliche Nahrung geboten haben. Hamburg. C. Walther.

12. ☞ Eyn oldt Sprickwordt.
Och minsche gedencke dat du möst sterven,
Dyn gudt beholden dyne Erven.
Wen se dy hebben tho Grave gebracht,
So dencken se Dach unde Nacht,
Wo se dyn Gudt mögen delen,
Se fragen nicht veel na dyner Selen.
Darüm drinck und ett dewyle du leevest,
Und giff den armen, wat du van Gade hevest!
Bewar dine Ehr,
Dy wert nicht mehr,
Wen umme und an,
Darmit dar van!

Auf der letzten Seite von:
Dat ander deel, düsses bewertes Artzedie Bokes volget, tho nütte und troste der gesundtheit der Armen (Welckere de löfliken Doctores und Arsten der Medicin) tobesöken, an erem gude nicht vermögen, edder sünst yn der nodt alle tidt nicht wol erreken können. Zum Schlusse: Gedrücket yn der Keyserlicken Stadt Lübeck, dörch Johan Ballhorn, ym yare M.D.LXVII.
Hamburg. W. H. Mielck.

III. Notizen und Anzeigen.

1. Beiträge fürs Jahrbuch sind einem der Mitglieder des Redaktionsausschusses (s. II, 67) einzuschicken.

2. Zusendungen fürs Korrespondenzblatt bitten wir an W. H. Mielck, Hamburg, Dammtorstrasse 27, zu richten.

3. Bemerkungen und Klagen, welche sich auf Versand und Empfang des Korrespondenzblattes beziehen, bittet Ehrengenannter fernerhin direkt der Expedition 'Fr. Culemann, Buchdruckerei in Hannover, Osterstrasse' zu übermachen.

4. Einzelnummern früherer Jahrgänge sind, soweit der Restvorrat an solchen reicht, nur erhältlich durch Heinricus Fischer's Buchhandlung in Bremen. Die Nummer von 8 Seiten kostet 25 Pf., die von 16 Seiten 40 Pf., einbegriffen freie Zusendung. Der Betrag kann in Briefmarken der Bestellung beigelegt werden.

5. Nach Göttingen adressirte Postsendungen an unser verehrtes Mitglied Herrn Referendar Bassel kommen als unbestellbar zurück. Es wird gebeten die jetzige Adresse der Expedition in Hannover, Osterstrasse 54, oder nach Hamburg, Dammtorstrasse 27, melden zu wollen.

Für den Inhalt verantwortlich: W. H. Mielck in Hamburg. — Druck von Fr. Culemann in Hannover.

Korrespondenzblatt
des Vereins
für niederdeutsche Sprachforschung.

I. Kundgebungen des Vorstandes.

1. Veränderungen im Vereinsstande.

Eingetreten in den Verein sind die Herren:
Brunnemann, Rechtsanwalt, Stettin, grofse Domstrafse.
Th. Rapp, Senator, Hamburg.

Veränderte Adressen:
Referendar Staudt, bisher in Elberfeld, jetzt Rechtsanwalt in Solingen.
Maunde-Thompson Esq., jetzige Adresse: Keeper of manuscripts at the British Museum, London. W. C. Great Russell-Street.

2. Jahresversammlung in Herford.

Das Programm zu unserer am 16. und 17. September stattfindenden Jahresversammlung wird in oder mit der nächsten Nummer, welche bald nach dieser Nummer druckfertig sein wird, zur Versendung gelangen.

Der Vorstand hat, da die herkömmliche Verbindung mit dem Vereine für hansische Geschichte dies Jahr nicht tunlich erschien, eine Gegend und eine Stadt ausgewählt, in welche uns die Gemeinschaft mit jenem Vereine schwerlich führen wird.

Unsere Wahl ist von der Stadt Herford mit ganz besonderer Freundlichkeit aufgenommen und gutgeheifsen worden.

Es ergeht nun an unsere Mitglieder, vorzüglich an alle, welche den Südwesten und den Westen unseres niederdeutschen Vereinsgebietes bewohnen, vom Vorstande die dringende Einladung, die Jahresversammlung in Herford besuchen zu wollen.

Das Comité, welches sich in Herford zu unserm Empfange gebildet hat, bittet zur rechtzeitigen Anordnung des am 16. stattfindenden Festmahles alle, welche an der Jahresversammlung Teil zu nehmen beabsichtigen, diese Absicht dem Comité in Herford, zu Händen von Herrn Professor L. Hölscher, bis zum 12. September wifsen zu lafsen.

3. Jahrbuch des Vereins.

Das den Mitgliedern für das Jahr 1881 zukommende Jahrbuch ist fertig. Mit der Verteilung desselben wird in den nächsten Tagen begonnen werden können.

Der Vorstand erlaubt sich die Herren, denen das Jahrbuch von Bremen aus unter Kreuzband zugesandt wird, darauf aufmerksam zu machen, dafs sie, sofern sie ihren Beitrag nicht etwa bereits eingezahlt haben sollten, vorne im Jahrbuch ein Posteinzahlungsformular vorfinden werden, und er bittet dieselben, sich dieses Formulars zur Leistung ihres Mitgliederbeitrages für 1881 so bald als irgend tunlich bedienen zu wollen.

Die Herren Bezirksvorsteher werden wiederum gebeten, die Verteilung des Jahrbuchs innerhalb ihres Bezirks und die Einziehung der Beiträge zu übernehmen.

II. Mitteilungen aus dem Mitgliederkreise.

1. Das Kinderlied vom lütten Jesus,
ein Nachbleibsel aus dem christlichen Mittelalter.

Einer Sammlung westschleswigscher Kinderlieder, welche unser Mitglied Herr Magnussen aus Bredstedt nach eigener Erinnerung aus seiner Jugendzeit im Jahre 1874 aufgeschrieben und mir zur gelegentlichen Benutzung und Veröffentlichung anvertrauet hat, entnehme ich das folgende Kinderlied:

'Gundag — hier bring ik Fijéschen to School!'
Fijéschen de schull sin Lex opseggen.
"Slenderumdé
Ik weet min Lex wol beter as he!"
Daar nehm de Schoolmeister de' dicke' Stock,
Un slog' Fijéschen op de' kale' Kop.
Daar nehm Fijéschen de linke Poot
Un slog' den Schoolmeister poggendoot.
Do sammeln de Kinner ehr Böker tosamen,
Se wulln ehr' Vader un Moder dat klagen.
'Och Vader, och Moder, wat schöln wi beklagen
Fijéschen het unse' Schoolmeister doot slagen!'

Dies Kinderlied ist, derselben Quelle entstammend, bereits früher durch den Druck veröffentlicht, nämlich von Seiten des Herrn Prof. Handelmann in den Jahrbüchern für die Landeskunde Schleswig-Holsteins VII (1864), S. 410, Nr. 120 f. Dieser Abdruck stimmt sonst buchstäblich mit dem obigen überein und da zwischen dem schriftlichen Fixiren beider ein Zeitraum von wenigstens eilf Jahren liegt, so geben sie ein gutes Beispiel für die Treue des Gedächtnisses. Nur der friesisch-plattdeutsche Accusativ. sing. masc. gen. erscheint als gemeinplattdeutscher Accusativ, und zwar, wie ich vermute, als eine vom Veröffentlicher ausgehende Aenderung.

Herr Prof. Handelmann gibt zum Liede folgende Anmerkung. 'Mitgeteilt von Maler Chr. C. Magnussen aus Bredstedt, d. Z. in Hbg. — Der Reim knüpft sich offenbar an die Erzählung im arabischen Evangelium von der Kindheit Jesu, Kap. 49 und im griechischen Kindheits-Evangelium Thomas des Israeliten, Kap. 14. Vgl. R. Clemens: Die geheimgehaltenen oder sogenannten apokryphischen Evangelien, Stuttgart 1850. I. S. 130—131, II. S. 79—80'.

Es kann wohl kein Zweifel erhoben werden darüber, daß die Handelmann'sche Erklärung von der Herkunft dieses Kinderliedes das Richtige getroffen habe. Wäre es aber wohl möglich gewesen, auf diese Erklärung zu kommen, wenn nicht eine glückliche Beachtung und Deutung des Wortes Fijéschen auf dieselbe geführt hätte?

Wäre in der Magnussen'schen Tradition des Liedes das Wort zufällig durch ein anderes ersetzt gewesen, so wäre uns der Inhalt auch dieses Liedes unverständlich, gleichgültig geblieben, wie der so mancher anderer Bruchstücke.

Nicht uninteressant scheint es mir, daß ich wirklich einige bisher unbekannt oder unbeachtet gebliebene Versionen desselben Liedes vorbringen kann, welche alle das Sinn gebende Wort schon mit einem andern, die für richtig erkannte Deutung aus dem einzelnen Liede heraus unmöglich machenden Worte vertauscht haben.

Hinsichtlich der Heimat steht dem Magnussen'schen Liede am nächsten das folgende:

1 'Majorschen, schast to School gaan'.
"Ach Mudder, ik hef keen Schol!"
'Trek diin Grossvadder siin Slarpen an'.
"Ach, Mudder, dat scheelt nicht veel!"
5 Do neem de Mudder eer bi de Hand,
Un güng mit eer na School entlank.
'Majorschen segg diin Lex op'.
"Perzepter ik weet miin Lex wul beter as du".
Do nööm Perzepter den Palmenstok
10 Un slög' Majorschen op den kalen kop.
Da nööm Majorschen den linken Foot
Un slög' Perzepter op de Stäe dood.
Do schregen al de Kinner:
'Perzepter is dood, Perzepter is dood!'
15 "Wokeen het 't den daan?"
'Majorschen het 't daan!'
Majorschen de kröpt sik inn Winkel,
Daar findt se 'n regen Schinkel.
Un as se em kaakt,
20 Is 't nike as Gnusch un Gnaak.
Set se em op 'n Disch,
Is 't 'n Gericht Fisch.
Set se em op de Straat,
Is 't 'n Regiment Soldaat.
25 Set se em op 'n Bän,
Is 't 'n lütten, jungen Sän,
Kan stricken, kan naien, un Golddraad dreien.

Es stammt aus der Stadt Oldenburg in Wagrien und ist aufgeschrieben von Herrn W. Claussen, der durch die Zusammenkünfte der plattdeutschen Sackmanngilde in Hannover dazu vermlasst wurde.

Das hier interessirende Lied geht bis zu Zeile 16, an dasselbe sind mittels 4 Zeilen einer kindisch-kindlichen Reimerei, die auf das Wort Winkel verfallen ist und sogar das plattdeutsche Unwort Schinkel zum Reim verwandt hat, Bestandteile zweier anderer, häufig erscheinenden, Zeile 21—26 und Z. 27, angeleimt.

Eine dritte Version kann aus Rheine in Westfalen vorgelegt werden, lautend:

17 'Gudden Dag, gudden Dag, Scholmester Johann,
Hier breng ick Ju en Paar Kinnerkes an,
De wollen ghno gelehret fiin,
20 Ohne Stock un ohne Rood'.
'Scholiesken, kum hier, segg de Lexe es up!'
"Scholmester Johann, wenn ick et men kann".
"Dann sost du't biäter lehrt hebb'n".
Dä neim Scholmester den Palmenstock

```
25 Un slåg Scholiesken wol op den Kopp.
   De annern de leipen de Schol horut,
   Un leipen nå Frau Moders Hues.
   'Oh Moder, oh Moder, wat fnll ick Ju feggen,
   Se hebbt Scholiesken daud geslagen.'
30 "Is fo daud, dann blif fe daud,
   Wi willt fe begraven" . . . .
   . . . . . . . . . . . . . . . .
               62 . . . . . . . . . .
```

Es findet sich dasselbe in Firmenich's Germaniens Völkerstimmen Bd. III, S. 163, und bildet dort einen Bestandteil des längern Ellermann, Bellermann-Liedes, welches man bereits als Maschenmerkreim charakterisiren zu können glaubte, und aus welchem noch ein anderes Teilstück, abgedruckt werden wird.

Wenn Firmenich dazu die Anmerkung macht: Dieses sonderbare, den verschiedensten Volksliedern und Volksreimen entnommene Gemisch, welches in ähnlicher Weise auch in Münster bekannt ist, trägt in den Endreimen der Verse 26, 27, 28, 29 die unverkennbaren Anzeichen seines hochdeutschen Ursprungs, so dürfte letzterer Meinung durch das Vorkommen des Liedes nur auf plattdeutschem Gebiete doch entschieden widersprochen werden, die Behauptung des ähnlichen Vorkommens im Münsterschen aber für unsere dortigen Mitglieder als Aufforderung gelten, demselben nachzuspüren und Gefundenes an diesem Orte zur Kenntnis zu bringen.

Dafs das Lied in einer Gegend bekannt ist, die unter dem Einflufse des Hochdeutschen nie gestanden hat, zeigt folgende vierte Fafsung, welche in Brügge, Flandern, aufgeschrieben worden ist.

```
           30 Mi Ansje kwam in schole:
              'Mi Ansje, zeg uw lesse.'
              "Meester, ik kenne ze beter as gij".
              'Kent gij zo beter, zeg ze.'
              De meester pakte zyn palmenstok,
           35 Hij sloeg ze mi Ansje op zijn kop.
              Mi Ansje trok zijn mesje bloot,
              't Stak de meester half dood,
              Half dood, g'heel dood.
              De knechtjes kwamen om willebrood,
           40 Een de meisjes om hunne boeken,
              Zy kwamen jufvrouw Marie bezoeken:
              . . . . . . . . . . . . . . . .
           51 ? . . . . . . . . . . .
```

S. Chantes Populaires Flamands etc. par A. Lootens et J. M. Feys. Bruges 1879 (Korr.-Bl. IV, 20) S. 264. 3. Pièces narratives. 1. Mi Ansje.

Das Lied ist ähnlich aus ganz verschiedenen Brocken zusammengestückt, wie die dort unter anderer Rubrik aufgeführten Tellingen.

Wir haben also zu einem bisher nur aus dem westlichen Schleswig notirten Liede drei andere beigebracht, ein noch ungedrucktes aus dem östlichen Holstein, eins aus Westfalen, eins aus Flandern. Diese beiden letzteren waren schon gedruckt, musten aber zuvor aus der umhüllenden Schale herausgepellt werden. Aus zwei Gründen dünkt mich, kann diese Zusammenstellung ein gewisses Interesse erregen. Sie gibt uns erstens wiederum ein Beispiel der wunderbaren Gleichartigkeit und Gleichförmigkeit, der wir so oft auf dem Gebiete niederdeutscher Bildung begegnen auch bei Dingen, die, wenn auch früher vielleicht, so doch sicher nicht zur Jetztzeit zur täglich kursirenden Sprach-Münze gehören. Und man hat zweitens in ihr, voraussetzend allerdings die von mir nicht bezweifelte Richtigkeit der Handelmann'schen Deutung, einen der immerhin nicht häufigen Fälle, wo die Herkunft eines, eben so gut wie viele andere, allen möglichen mythologischen Deutungen sich nicht versperrenden Kinderliedes in eine nicht mythische, sondern geschichtliche und dabei nicht heidnische, sondern christliche, frühere Kulturepoche führt.

Hamburg. W. H. Mielck.

[1]) In den früher friesischen Antheilen des niederdeutschen Sprachgebietes und in den berührten alt-niederdeutschen Grenzstrichen hat der acc. sing. masc. gen. das ihm zukommende n verloren und ist dadurch mit dem nominativ gleichlautend geworden. Die genaue Bezeichnung dieser Grenze harrt noch der Ausführung.

2. Volkslied aus dem Göttingischen.

'O chrate Vår, goht von den Om'n,
Eck will jöck ak wat kåpen;
Eck will jöck ak'ne neggen Haut
Un den will eck jöck kåpen!'
"O Junge, Junge, behålt dien Geld.
Eck βin Alt,
Eck βin kålt,
Eck βin krank;
Hingern Om'n is mien Gang".

2, 3, 4 etc. Wiederholungen, in denen für 'Haut' = Hut andere Bekleidungsstücke wie Rock, Schuh, Bostdauk etc. eingesetzt werden. Die letzte Strophe lautet:

'O chrate Vår, goht von den Om'n,
Eck will jöck ak wat kåpen;
Eck will jöck ak'ne junge Brut
Un dei will eck jöck kåpen!'
"O Junge, Junge, chiff her dien Geld!
Eck βin jung,
Eck βin cheβund;
Owern Om'n is mien Sprung".

Dieses Volkslied, welches ich voriges Jahr in Jühnde bei Dransfeld aufgeschrieben habe, ist dort nur noch wenigen Altern Leuten bekannt; anderwärts scheint es gar nicht im Schwange zu gehen, wenigstens ist es mir in andern südhannoverischen Ortschaften nicht begegnet. Den heutigen 'Chrofsvader' nannte man 'sonst', wie mir ein achtzigjähriges Mütterchen bestätigte, 'chrate Vår'.

Nienhagen bei Moringen. Heinrich Sohnrey.

3. Pampe (s. I, 15, 54).

In Johan Arnholds von Brand Reysen durch die Marck Brandenburg, Preussen, Liefland, Plescovien, Gross-Naugardien, Tweerien und Moscovien, Wesel 1702, kömmt der Pampe und die Pampe vor.

S. 148: (der Bräutigam bei Liefländischen Bauernhochzeiten) hat in

der Hand einen recht vor dem Mittel-Leibe voraufs stehenden Pampen oder
blofsen Commis-Degen.
140: (der Braut oder Bräutigams Vatter) haut mit der Pampen auf die
Schvellen.   Weimar.   R. Köhler.

4. quanswis (s. V, 20 ff.).

a. In meinen jüngeren Jahren hörte ich das Wort viel und in verschiedenem Sinne. Ik güng so qunnswis œver den barg — ich ging so von ungefähr über den Berg. Ik fróg em so quanswis, ich fragte ihn so wie von ungefähr, aber doch in der geheimen Absicht, etwas von ihm zu erfahren, ohne dass er es merkte. Gif em dat so quanswis (quanntswis?) in, gieb ihm (einem Menschen oder Thiere in Krankheitsfällen) das ein, nicht auf einmal, sondern in unbestimmten Zeitabschnitten, nicht in Bestimmten abgewogenen, abgemessenen oder tropfenweise abgezählten Theilen, sondern nach Belieben, nach Gutdünken.
Neustrelitz.   D. Zander.

b. Seiner Zeit hatte ich mir zu den Ausführungen des trefflichen Regel eine zweifelnde Note auf ein Stück Papier geschrieben, die mir eben wieder in die Hand fällt und vielleicht doch noch der Erwägung werth sein mag.

Lessing dachte mit seinem 'gewandsweise' offenbar, er wolle besagen

redewendungsweise,

aber die Bedeutung des Wortes fügt sich auch bei ihm nicht dieser gesuchten Etymologie; es ist doch etwas anderes, wenn ich sage, es ist eine Redensart oder Redewendung.

Näher hin treffen sicherlich Jacob Grimm und an ihn sich anlehnend K. Regel. Aber des letzteren Auffassung vom obenhin gleiten des wendenden Pfluges erscheint äusserst bedenklich.

Ich glaube, der Ausdruck ist auf den Wahn zurückzuleiten. Der wân ist, was wir jetzt etwa die Vorstellung (auch im Sinne Schopenhauers) nennen würden; ân allen wân = ganz gewifs. Daher:

in wânes wîse,

soviel als, nicht wirklich, sondern nur vorgestellterweise, scilicet, wie es auch in den Wörterbüchern übersetzt wird. Das quansweise gesagte wäre also ein 'figurate dictum'. Das niederdeutsche wanschapen (z. D. im Slennerhinke) besagt missgeschaffen und meint nach wâne d. i. nach einer subjectiven Vorstellung, einer Idee, nicht nach der Norm der Natur gebildet. Genau besehen sollte aber nicht bloss die Missgeburt, sondern auch das die Natur überbietende idealisirende Kunstwerk wahnschaffen heissen. Dass es nicht geschieht, liegt wohl daran, dass der derbere Sprachgenius in allem Wahn sehr gern das Verrückte, nicht mehr das Erhabene; das Entstellte, nicht das Schoene gelten lassen wollte.

Das Fortfallen der Präposition in hat manche Analogie. Wir sagen Kraft für in Kraft des Gesetzes, sogar folge dessen.

Man wird nun von mir fordern, ich solle erklären, wie das g(e) vor den wân gerathen sei, warum es also nicht nach wie vor wânsweise heisse, denn dass qu = gw, wird wol zugestanden worden; man wird mich fragen, wie so wird der lange Vocal â gekürzt, da doch die Tendenz der

Sprache umgekehrt dahin geht, alle Kürzen zu dehnen (siehe übrigens Korr.-Bl. III, 27. 41).
Das, gestehe ich gern, kann ich zur Zeit nicht genügend beantworten.
Rom. Franz Sandvoss.

5. Zum mittelniederdeutschen Wörterbuch.

a. donnagel (s. V. 91, VI. 13) ist im Eimbeckschen gebräuchlich (fehlt bei Schambach). Einbeck. A. Hemme.

b. doppet (mnd. Wb. VI, 103) heisst karriert = rautenförmig, eine Bezeichnung, unter welcher das Wort hier noch bekannt ist.
einstallich (mnd. Wb. VI, 118) nennt man ein Gebäude, welches allein steht, woraus sich die dort erwähnte Verbindung 'enstalbch hoff' leicht erklärt. Emden. H. Deiter.

c. vorgledet, unvorgledet = glasirt, unglasirt; von Ziegeln (concavis) gebraucht. K. Koppmann, Hamb. Kämmercirechn. 4, S. 368, 4. 5.

d. waterloger (s. V, 93) ist nicht Quellenfinder, sondern einer der Lüneburger Sodearbeiter. Verg. Jahrbuch V, 164.
Rostock. K. E. H. Krause.

6. Zum niederdeutschen Kalender.

Eine Urkunde des Kölner Stadtarchivs ist datirt: 1401, des moyndays ná synt Peter velven dach. Wie erklärt sich dieses Datum?
Köln. K. Höhlbaum.

7. Zu Reineke Vos.

I. Der Erklärungsversuch von H. Loersch (Zuschr. des Achener Geschichtsvereins 2, 117—126), welcher meibom — V. 2781 'dar hadde he werf alse Meibôm tô Aken' — nicht als Personenname, sondern als Apellativum fasst, hat schon sprachlich wegen des fehlenden Artikels wenig für sich. Auch dient die angeführte Begebenheit aus Caesarius von Heisterbach nicht zur Erklärung der Redensart. Man wird von der bisherigen Erklärung von Meibom als Eigenname nicht abgehen dürfen. M. muss eine bekannte volksthümliche Persönlichkeit gewesen sein, die es vielleicht noch nachzuweisen gelingt. Bemerkenswert ist es, dass Achen ein besuchter Wallfahrtsort war. Siehe Mnd. Wb. I, 46 'akenfort'.

II. Grimm, Reinhart Fuchs XCII. bemerkt: 'Scherzhaft wird örtliche und zeitliche Bestimmung gemischt, noch heute hört man in Oberdeutschland zwischen Pfingsten und Strassburg'. Dieser witzige Ausdruck reicht also schon ins 12. Jahrh. hinauf. Dabei erinnere ich mich eines vor etwa zwanzig Jahren gehörten Scherzes: 'Wenn in Erfurt zu Ostern die grosse Domglocke läutet, so hört man es zu Pfingsten noch'. Als Erklärung diente der Name eines erdichteten Dorfes Pfingsten. Dieser Scherz beruht jedenfalls auf einer ähnlichen Redensart wie der oben erwähnten. Es bestand danach wohl ein dem oberd. 'zwischen pfingsten und Strassburg' entsprechender ausdruck zwischen 'pfingsten und Erfurt' in Mittel- und Niederdeutschland.
Northeim. R. Sprenger.

8. Eine Sententie vnd ein Oordeell tusschen twe twistige Wyuen.

Daer quemen twe Hoiren vor dem Köninck Salomo vnd treden vor hem, vnd datt eine Wyff sprack: Och, myn Here, Ick vnde dit Wyff woneden in einem huese, vnd Ick quam bi ör in dem huese int Kinderbedde, vnde na dren dagen, doe Ick geteilet hadde, teelde sie oick, vnde wy weren by einander, datt daer nicmant frembdes by vns was in dem huese, sunder alleine wy beiden. Vnd deses Wyues Sohn starff in der Nachtt, wente sie hadde ehme in den sblaep doott gedrucket, vnd sie stundt in der nacht vp vnde nam myn sohn van myner syden, doe dyn magel shliep, vnde lede en in ebre Arm. Vnde ehren doden sohn lede sie in mynen Arm, vnde doe Ick des morgens vpstundt, mynen sohn tho soegende, sue, do was he doett. Auerst des morgens sach ick ehme neratelick ahn, vnde sne, doe was Idt myn Sohn nicht, denn Ick gotelct hadde. Datt ander Wyff sprack: Nicht also, myn Sohn leuet, vnde dyn Sohn is doott. Die ander ouerst sprack: Nicht also, Dyn Sohn is Doot, vnde myn Sohne leuet. Vnde redeten also vor dem Coninge. Vnde der Coninck sprack: Dese sprekt: Myn sohn leuet, unde dyn sohn is doot; unde die ander sprockt: Nicht also, dyn Sohn is doott, vnde myn Soen leuet. Vnde der Coninck sprack: Halett my ein Schwert her! Doe dat Swert vor den Coninck gebracht wert, sprack der Koninck: Delet dat leuendige Kindt iu twe Delen vnde geuet deser die helffte vnde der ander oick die helffte. Doe sprack datt wyff, welckers Sohn leuende, thom Coninge (Wente öhr moderlicke herte worde beweget ouer eren Sohn): Och, myn Here, sedo se, geuet ehr dat Kindt leuendich vnd doedet dat nicht. De ander auerst sprack: Dat sy noch dyn noch myn, auerst laet dat delen. Do antworde der Coninck vnde sprack: Geuet deser dat Kindt, die dat nicht gerne wolde doden laten, wente dese is des Kindes Moder. Vnde dat Oordeell, welck der Köninck gesproken hadde, wertt ludtbar vor dem gantsen Volcke Israel, vnde fruchteden sick vor dem Köninnck, wente sie sagen, dat die Wyssheit Gades in ehme wase, Gerichts tho holdennde.

Aus der Papierhandschrift Fol. 13, pag. 50, welche dem 16. saeculo angehört und in der landschaftlichen Bibliothek zu Aurich aufbewahrt wird.

Emden. H. Deiter.

III. Notizen und Anzeigen.

1. Beiträge fürs Jahrbuch sind einem der Mitglieder des Redaktionsausschusses (s. II, 57) einzuschicken.

2. Zusendungen fürs Korrespondenzblatt bitten wir an W. H. Mielck, Hamburg, Dammtorstraße 17, zu richten.

3. Bemerkungen und Klagen, welche sich auf Versand und Empfang des Korrespondenzblattes beziehen, bittet Ebengenannter direkt der Expedition 'Fr. Culemann, Buchdruckerei in Hannover, Osterstraße' zu übermachen.

4. Einzelnummern früherer Jahrgänge sind, soweit der Restvorrat an solchem reicht, nur erhältlich durch Henricus Fischer's Buchhandlung in Bremen. Die Nummer von 8 Seiten kostet 25 Pf., die von 16 Seiten 40 Pf., einbegriffen freie Zusendung. Der Betrag kann in Briefmarken der Bestellung beigelegt werden.

5. Für den Verein dankend empfangen:

1) Karl Horn, der Stifter der deutschen Burschenschaft, und Heinrich Gesellius, die Lieblingslehrer Fritz Reuters. Biographische Mitteilungen nebst ungedruckten Briefen und Dichtungen Reuters. Von Friedrich Latendorf. Pössneck. C. Latendorf. 1881. Von der Verlagshandlung.

2) Gothische Conjecturen zu Matth. 9, 16; Lucas 1. 4. u. 5., 3, 5, 8, 6 u. 14; Marc. 6, 19. Aus den Jahresberichten des Leitmeritzer Gymnasiums von 1878 und 1879 besonders abgedruckt. Leitmeritz. Buchhandlung von Hermann Blömer. 1879. Von Herrn Professor Ign. Peters in Leitmeritz.

3) Andeutungen zur Stoffsammlung in den Deutschen Mundarten Böhmens. Von Ignaz Peters von Leitmeritz. (Beiträge zur Geschichte Böhmens, herausgegeben vom Vereine für Geschichte der Deutschen in Böhmen. Abthl. II, Band I, Nr. 2.). Prag 1864. In Commission bei H. Mercy. Vom Herrn Verfasser.

Für den Inhalt verantwortlich: W. H. Mielck in Hamburg. — Druck von Fr. Culemann in Hannover.

VI. Jahrg. Hamburg, August 1881. № 4.

Korrespondenzblatt
des Vereins
für niederdeutsche Sprachforschung.

I. Kundgebungen des Vorstandes.

1. Programm der Jahresversammlung.

Siebente Jahresversammlung des Vereins für niederdeutsche Sprachforschung in Herford am 16. und 17. September 1881.

Die Sitzungen finden statt im Saale des Weinklubs.

Freitag, den 16. September, Vormittags.

9—11 Uhr. 1) Eröffnung der Versammlung vom Vorsitzenden.
2) Vortrag von Herrn Dr. C. Walther-Hamburg über: de koker.
3) Ueber Dialektgränzen im Fürstentume Schaumburg-Lippe, von Herrn Direktor Dr. Babucke-Bückeburg.

11—12 Uhr. Frühstückspause.

12—2 Uhr. 4) Vortrag von Herrn Dr. A. Lübben-Oldenburg über: de modersprake.
5) Mitteilungen von Herrn Prof. Dr. L. Hölscher über Johann Dreier, den ersten evangelischen Prediger am Münster zu Herford und über dessen Schriften.
6) Mitteilungen des Jahresberichtes und Rechnungsablage.
7) Bericht über die Herausgabe des von Karl Bauer hinterlassenen Waldeckschen Wörterbuches, abgestattet vom Herausgeber Herrn Dr. H. Collitz-Berlin.
8) Etwaige kleinere Mitteilungen, Anfragen, Vorschläge und Anregungen.

2¼ Uhr. Festessen im Gasthause: Stadt Berlin.
nach 4 Uhr. Vereinigung auf dem Schützenhofe.
Abends. Gesellige Zusammenkunft im Saale des Weinklubs.

Sonnabend, den 17. September.

8½—10 Uhr. Besichtigung der Kirchen.
10½ Uhr. Gemeinsamer Ausflug nach dem Hermannsdenkmale.

Am Donnerstag Abend werden die anwesenden Teilnehmer an der Jahresversammlung im Hotel Stadt Berlin zusammentreffen.

Teilnehmerkarten für die Vorträge zu 1 ℳ. sind am Vorabende und vor den Sitzungen im Versammlungsraume zu lösen.

Namens des Vorstandes des Vereins für niederd. Sprachforschung.
Dr. A. Lübben, Oldenburg, der Zeit Präses.

2. Veränderungen im Vereinsstande.

Eingetreten in den Verein sind die Herren:
Dr. ph. Carl Hieronymus Würz, Gymnasiallehrer, Köln, Magnusstr. 8.
Dr. ph. Job. Hüveler, Gymnasiallehrer, Köln, Severienstraße 112.
Dr. ph. Carl Theodor Gaedertz, Beamter der Königl. Bibliothek, Berlin, C. Kurstraße 43—44.
P. Lokman, Lehrer an der Ackerbauschule, Wageningen, Königreich der Niederlande.

und ferner:
Die Großherzoglich-Weimarische Bibliothek zu Weimar.

II. Mitteilungen aus dem Mitgliederkreise.

1. Sprichwörtliches.

1. Zur Bordesholmer Handschrift der Proverbia communia.

a. Bei meinen Bemerkungen zu den Erörterungen Koppmann's hat mir Nichts ferner gelegen, als einen Gegensatz zwischen Fachmännern und Laien zu markiren und mich ihm gegenüber etwa in die Reihe der ersteren stellen zu wollen. Wollte ich einerseits konstatiren, was doch Niemand kränken kann, dass die von Koppmann ausgesprochenen Argumente vor ihm von namhaften niederländischen Forschern ebenfalls ausgesprochen sind, so stellte ich andererseits seiner an sich hübschen Konjektur, statt hont sci bout zu lesen, die Ueberlieferung und die übereinstimmende Auffassung der ältesten niederländischen Forscher entgegen, indem ich darin auf seine Zustimmung rechnen zu können meinte und noch meine, dass die schmucklose Treue der Ueberlieferung der blendendsten Konjektur vorzuziehen sei. 'Das ist fürwahr ein weiser Mann', sagt mein alter Agricola, 'der aus holder abbrechen machen kann.' Schwerin.   Fr. Latendorf.

b. In meiner Erwiderung gegen Latendorf, wie in meinen ersten Bemerkungen bin ich davon ausgegangen, dass in dem Sprichwort: Alse en man ryket, so hundet he einmal Handschriften und Ausgaben nicht übereinstimmen, sondern variiren zwischen: spaert he, hont hi, hundet he, und dass zweitens die Interpreten die Wörter honen, wie ein Huhn scharren, und bonden, hunden, wie ein Hund leben, erklären, ohne dass diese Wörter meines Wissens sonst belegt wären. Da nun: hont hi nur in den Drucken steht, während die Handschriften ein Wort aufweisen müssen, das Jeder nach Belieben: hout oder: hont lesen darf, und da ferner die Verdeutschungen: spaert he und: hundet he den Beweis liefern, dass schon in alter Zeit bei dem Sprichwort der Eine ein: houden, der Andere ein honden verstand, so glaubte ich und glaube ich noch, das nach Belieben zu losende Wort der Handschriften nach Anleitung der Verdeutschung (spaert he) als: hout hi deuten zu dürfen. Die Lesart: hont hi hat handschriftlich ganz dieselbe Berechtigung und ist durch die Verdeutschung: hundet he ebensowohl beglaubigt. Die Meinungsverschiedenheit zwischen Latendorf und mir besteht aber darin, dass diese letztere Lesart nach Latendorfs Meinung sich deshalb empfiehlt, weil sie von niederländischen Forschern übereinstimmend angenommen und interpretirt ist, während sie sich meiner Ansicht nach nicht empfiehlt, weil das Wort honden, hunden zwar angenommen und erklärt, aber — immer nur von meinem Wissen gesagt — nicht belegt ist. Für die erstere Lesart dagegen spricht meiner Ansicht nach, dass sie einfach und verständlich ist, während Latendorf den Umstand gegen sie ins Feld führt, dass die älteren niederländischen Gelehrten übereinstimmend die andere vorgezogen haben. Eine Entscheidung dürfte also wohl nur eine Variante des Sprichworts geben.

Darmbeck bei Hamburg. K. Koppmann.

2. Kohl und Rüben.

Walthers Deutung ist mir doch trotz Schierenberg u. a. nicht einfach, volksthümlich genug. Der Zusammenhang erfordert, dass von einem kleinen Verlust gesprochen wird, der einem grösseren vorbeugt, von einem Schädlein im Gegensatz zu einem mächtigen Schaden, gewissermaassen von einem Tropfen Wermuth neben oder vor dem gefüllten Becher.

Ich vermuthe:
    Wer die Rübe nicht mag, bekommt den Kohl,
d. h. für das Gute oder Liebliche das weniger angenehme. Ich lese demnach becricht oder vercricht, die nach Lübben beide im Sinne von bekommen gebraucht werden. Dem Sprichwort ist die gradatio vom Kleineren zum Grösseren, und der Antiklimax vom Guten zum Schlimmen überall eigen.

Im Einzelnen biete ich, was mir augenblicklich aus früherer Zeit zur Hand ist; zumeist literarisch unbekanntes oder unverwerthetes Material.

mögen vom Essen noch heute allgemein üblich; so auch in der scherzhaften Drohung: Leckertęn, magst ōk groen sēp? du sast woll noch lütt guidelstēn ętęn.

Krigen ist in Sprichwörtern überaus häufig. Vor einem Menschenalter gebrauchte man in Neustrelitz das derbe Wort: de aal hebben, wat Regenbogen kręgen hāt; de hāt'n schęl kręgen. Ein Ackerbürger Regenbogen hatte eine Schiebkarre unter dem Abtritt auf einer öffentlichen Auction gekauft.

Se kricht kēn piklicht (schwarzes Licht von Abfallstoffen im Hause selbst bereitet, also gemeinster Sorte), vęl wenigŗ'n talglicht.

de kricht kēn kenen eckständer mit, den hāt hior noch kener kręgen.

Tadel über Einschmeichelei von Seiten der Dienstboten; Diensteifer wird nicht selten als 'herrenhölligkeit' gerügt.

hebt oorlof strooss ac, ick hob een bedde verereghen = ficus post pisces, niederl. Sprichwort am Rande der Epitome Adagiorum Antverp. Loeus 1544, bl. 250 a, von welcher Ausgabe einzig und allein das Exemplar der Grossh. Bibliothek zu Neustrelitz bekannt ist. Nach einer Ausgabe von 1547, die im Schweizer Katalog verzeichnete (s. mein Buch über Agricola S. 217), habe ich seit 25 Jahren vergeblich gefahndet. Im Uebrigen ist Suringar im Irrthum, wenn er die Vorrede von 1563, die über die verdienstvollen Sammler Servilius und Sartorius erwünschte Auskunft bietet, bereits 1544 voraussetzt. Sie fehlt hier ebenso wie in der an Sprichwörtern so überaus reichen von 1545, um deren Neudruck mein nl. Freund bemüht ist, s. Suringar, Erasmus over nederl. Spreekw. S. LVII. Die Vorrede der Ausg. von 1544 bietet nur, was bereits 1542 gedruckt war, und ist einzig und allein für die Lebensgeschichte des Westphalen Tappius von Werth, s. darüber Anz. f. Kunde der deutschen Vorzeit. 1856, S. 330 ff.

Dor wast du schön urenwrucken krigen = gescholten werden, wörtlich Ohrsausen bekommen.

krichst den dod in de waden.
wer de nég' kricht, kricht de wêg'. Daher die Scheu junger Frauen, die Neige zu trinken.
Schwerin.
F. Latendorf.

3. So fett fiedelt Lux nich (s. VI, 15).

Bei Wandor finde ich das Wort nicht. Literarisch habe ich es wohl zuerst verzeichnet bei Frommann II (1855), S. 36. Ich weiss noch heute nicht mehr zu sagen, als damals von mir und jetzt von Zander gesagt ist: 'Der Ursprung der Redensart ist mir dunkel'. Man bedient sich ihrer, um übergrosse Hoffnungen oder Forderungen damit abzuweisen. Also etwa: Dôr kanst du lang up luren, verlat di man nich darup. Seg du man teller, do hund etc. Alle dag flêsch (braden) un belecht botterbrod, denn künst du lachen u. dgl. Schwerin. Fr. Latendorf.

4. Up der hut werpen (s. III, 75, 88; IV, 24).

a. Tobias Schmidt, Zwickauischer Chronicken anderer Theil, Zwickau 1656, S. 275, berichtet:

22 Mann, eitel Fleischhauer, und überein gekleidet, haben [zu Fastnacht 1518] einen verkleideten oder vermummeten Menschen in der Kübbaut aufgeworfen und alle wege wieder gefangen, wie denn dieses in der Kühhaut aufwerfen hernach oftmals gebraucht worden.

Nach O. Freiherr v. Reinsberg-Düringsfeld, Culturhistorische Studien aus Meran, Leipzig 1874, S. 135, war es früher bei der Gerberzunft in Moran Sitte, an ihrem Jahrtag vor dem Weggang aus der Herberge einen Zunftgenossen vom Fenster herab auf eine Ochsenhaut zu werfen, welche 4 handfeste Gesellen oder Meister unmittelbar vor dem Wirthshaus ausgespannt an den 4 Enden hielten, und ihn dann, je nachdem die 4 Halter die Enden der Ochsenhaut anzogen oder nachliessen, zum grossen Jubel der versammelten Volksmenge auffliegen und niederfallen zu lassen.

Schon im Alterthum war das Prellen — zwar nicht mit einer Haut, aber mit dem 'sagum' — bekannt. Suetonius erzählt im Leben des Kaiser Otho (Cap. II):

Otho.... a prima adulescentia prodigus ac procax, ... ferebatur et vagari noctibus solitus atque invalidum quemque obviorum vel potulentum corripere ac distento sago impositum in sublime iactare.

Vgl. auch Martial Epigr. I, 3, 8:

Ibis ab excusso missus in astra sago.

Weimar.
Reinhold Köhler.

b. Die Sache ist alt: Schon Martialis in seinen Epigrammaten sagt lib. I, 4, 7 und 8:

Audieris cum grande sophos, dum basia captas,
Ibis ab excusso missus in astra sago.

Dazu bemerkt Th. Farnabius in der Nota: Excipient te quidem gremio, sed ut te sago in sublime jaceent per ludibrium et procacitatem, ut solent canes excipere, quod ab Othone factitatum refert Suetonius 2. cap. Gallice 'berner', quod graecis κοσμὸς dicitur, Latinis, sagatio!

'berner' v. a. berne s. f., erklärt das Diction. de l'Acad.: Tour que l'on joue à quelqu'un, en le faisant sauter en l'air sur une couverture: dont plusieurs personnes tiennent les coins et les côtés. — Littré in seinem dictionnaire führt als mögliche Etymologien an 'bernia' als Verstümmelung von 'hibernia', irische Wolldecke, oder die dem arab. 'bournous', Burnus, zu Grund liegende Wurzel.

Am meisten gebraucht wird berner und die Participialform berné in figürlichem Sinne — wie geprellt — als 'geneckt', 'gebänselt', 'verspottet'. Auch englisch kommt das Prellen vor: die London Illustrated News von 1879, 15. Febr. brachte auf p. 158 in einem längeren Artikel über illustrirte Flugblätter älterer Zeit auch die Abbildung eines Holzschnittes von 1646, auf dem 4 Personen, durch Kleidung und Inschrift charakterisirt als 'The Anabaptist, the Brownist, the Familist und the Papist' die vier Zipfel eines Tuches halten, auf welchem eine grosse Bibel als Symbol der 'Religion' liegt. Aus dem Text dazu giebt die Illustr. L. N. als Erklärung folgende Worte

'Religion is made a Hotchpotch and as it were tossed up in a blanket and too many places of England too much Amsterdammified by several opinions.'

Schon citirt ist Don Quixote: Parte I, cap. 17, wo es vom Sancho Pansa heisst:

y allé puesto Sancho en la mitad de la manta, comenzaron á levantarle en alto y á holgarse con él, como con perro por Carnestolendas.

Von der dabei gebrauchten 'manta' ward die Procedur 'mantear' genannt und kommen auch manteador, manteamiento und andere Ableitungen vor. Für das Vorkommen in Deutschland s. Schmeller's Bayrisches Wörterbuch. 1 Aufl. 1828. Bd. III, p. 266: 'Ehmals hatten die Schlosser- und die Schmid-Jungen die Gewohnheit zur Fasznacht vor den Häusern ihrer Kunden einen solchen Jackel der wie ein Schmid gekleidet war, mittels eines Leintuchs wechselweise in die Höhe zu werfen und wieder aufzufangen: Dabei sangen sie jedesmal einen Reim wie etwa nachstehende,

'Mir schutz'n en Jackel in alle Höhh
Das eem's weiss in'm Augn'g vorgêt
Aəs, zwaə, drei!'

'Sie nannten diese auf eine Collecte abgesehene Operation das Jagkelschutzen.' (Nach anderen Mitteilungen ist dies erst im Anfang dieses Jahrhunderts abgekommen.) So kommt auch 'Lienel schutzen' vor. Schmeller citirt Westr. Beitr. III, p. 108 und sagt selbst II, 473 s. v. Lienel: b. 'hölserne Statue St. Leonhards, besonders der schwere Klotz, der hie und da unter dessen Namen durch die Wallfahrter um ihre Wette vom Boden in die Höhe gehoben oder gar von einem Dorfe in Procession ins andere getragen und dabey auch wohl mitunter in den Bach, in die Hecke geworfen zu werden pflegte.' — Unter schutzen, Bd. III, p. 423, 424 wird angeführt:

'Wer fremder daselbst hinkam, den schutzet man auf einer bernhaut hoch auf in die höhe' und: 'Die gebot Gottes über's Dach schutzen, als wann sie für nichts wären'. Diese letztere Stelle begegnet sich mit dem englischen: Religion tossed up in a blanket.

Hamburg.   O. Matsen.

c. Das 'up der hut werpen' ist in Norderditmarschen unter dem Namen 'bâro' bekannt. Wenn auf der Geest im Herbst das Flachsbrechen 'brakrkör' beginnt, so pflegt in nicht ganz grossen Dörfern aus jedem Hause einer bei dem Bauern zu helfen, der Flachs brechen will. Kömmt Jemand zufällig an dem Flachsbrecherplatz vorbei, so wird er aufgegriffen und 'bârt'; genau so, wie H. Allmers in seinem Marschenbuch. 2. Aufl. 1875. s. 216 schildert.[1])

Dahrenwurth b. Lunden.   H. Carstens.

d. Ein dem aus Lecuwarden angeführten 'Jonassen' ganz ähnliches Spiel kannte vor etwa 20 Jahren und kennt auch wol heute noch die Elberfelder Jugend. Meines Erinnerns prellten auf die dort näher angegebene Art gewöhnlich die älteren Schüler ihre eben in die Klasse neuversetzten Kameraden, die überhaupt nach ihrer Versetzung im Anfang sich mancherlei, zum teil recht unbarmherzige Acte der 'Einweihung' gefallen lassen mussten. (Sie wurden z. B. auch 'geboxt', nicht selten statt mit der blossen Faust mit einem langen, spitzen Pferde- oder Rindszahn, dem 'Boxtang' = Boxzahn.) Eines beim Prellen gesprochenen oder gesungenen Reimes erinnere ich mich nicht, ebensowenig eines besonderen Namens für das Spiel. Herr Direktor Meier weist mir eine Stelle nach, auf die ich mich vergebens besonnen. Es ist die köstliche Schilderung in Fr. Reuters 'Dörchläuchting', cap. 6, wo ein älterer Mitschüler dem 'neuen' Korl Siemssen unter andern 'Einweihungen', die seiner warten, auch von dem Prellen spricht: '— un nahsten smiten wi Di. Dat ward so makt: süß Por faten sick Ewer't krüz an de Hän'n, as wenn soi mit schöne Damen 'ne Ekkossäß dansen wullen, Du wardst vorlangs darup leggt, und denn smiten wi Di — Eins — Zwei — Drei! — bet an den Bahn; Du sollst wedder 'runner, un wi smiten Di nochmal, un nochmal, un nochmal, so lang' as din Knaken un uns' Knaken dat utholen u. s. w.' Ohne Zweifel ist die Stelle den meisten unserer Mitglieder bekannt und in Erinnerung, immerhin aber verdient doch wol die köstliche Reutersche Schilderung eine Erwähnung neben den sonst beigebrachten des betreffenden Spieles.   Schleiz.   Schultz.

e. Die auch mir bekannte belustigung des 'Prellens' nimt Scheffel, Ekkehard (A. v. 1871), s. 257, schon für das zehnte jahrhundert in anspruch: Die jungen leute, die in der frühe so verschämt als hochzeitbitter bei der herzogin waren, führten mit ihrem hunnischen anverwandten ein germanisches schalkspiel aus: sie hatten ein grofses linnenes laken aus einer der hochzeittruhen gerissen, den Cappan darauf, an den vier ecken hielten sie's starr und schleuderten den unseligen von der prallen decke empor, dafs er in die blauen lüfte hinaufwirbelte wie eine lerche. Er hielts für den landesüblichen ausdruck verwandschaftlicher hochachtung und schwang sich gewandt auf und nieder. — Verfasser verweist in der anmerkung auf: Grimm, Rechtsalterthümer, p. 723, s. v. 'Prellen'[2]).

Northeim.   R. Sprenger.

---

[1]) S. auch Bremer Wtb. VI, (Nachtrag Band), S. 112. Aus dem Kinderleben. Oldenburg 1851. S. 27; Grimm's Mythologie I.[1] S. 727.[2])   W. R. M.
[2]) Grimm, Rechtsalterthümer (2. Aufl.), S. 736, heisst es s. v.: Prelle, ich wüste nicht, dafs ein prellen im sinne des span. mantear und des franz. berner üblich war (als Strafe an Ehre); schnellen, aufschnellen kommt vor; schenden, ufschnellen oder sunst hartiglichen strafen. Cronenberger dad. p. 76 (a. 1432).   K. K.

---

5. Drake, Erpel (s. VI, 15).

a. Die männliche Ente heisst, wie jedes englische Wörterbuch lehrt, auch im Englischen drake. Auch Schambach (Wörterbuch der niederd. Mundart der Fürstenth. Göttingen und Grubenhagen) hat dieses Wort für Enterich.

In Rond den Heerd, einem für niederd. Sprachforscher sehr belangreichen, flämischen, in Brügge erscheinenden Wochenblatt, welches sich vielfach mit flämischen Mundarten und mit Wortableitungen abgiebt, wird das Wort Drake, für Enterich, mit dem griechischen derkō zusammengebracht. Ob mit Recht, lasse ich dahin gestellt sein.

Merkwürdig war es mir, dass mir sonst aus Deutschland unbekannte Wort Erpel, für Enterich, als ein ostpreussisch-niederdeutsches erwähnt zu finden. Jetzt sehe ich, dass auch Danneil (Wörterbuch der altmärkisch-plattd. Mundart) es hat. Das Wort gehört sonst den südniederländischen (flämischen und brabantischen) Mundarten an. Schon der alte Kilian, selbst ein Süd-Niederländer, verzeichnet es als ein solches: 'Erpel, Aerpel, flandr. Anas mas'. In manchen südniederländischen Mundarten lautet das Wort auch Elper; so hat es auch Schuermanns, Allgemeen vlaamsch Idiotikon (Leuven 1870). Dieser nimmt sogar Elper als die ursprüngliche Form an, und meint, die Form Erpel sei nur ein Buchstabenwechsel von r und l, wie solcher mundartlich oft vorkommt. Dieses Wort Elper wird im oben-genannten Rond den Heerd erklärt als Helper (die Flämnge sprechen be-kanntlich das h nie aus), von einem Zeitwort helpen, einer andern Form des niederländischen galpen, des englischen to yelp, laut mit weit ge-öffnetem Mund, Maul oder Schnabel, schreien — ein Name, der dem Ente-rich wohl passt.

In nordniederländischen Mundarten kommt das Wort Erpel nicht vor, und, so weit mir bekannt, auch nicht in den niederdeutschen Mundarten des nordwestlichen Deutschland. Sollte es vielleicht im Mittelalter mit den flämischen Colonisten nach Ostpreussen und der Altmark gekommen sein.

Ein anderer Vogel, der an den Nordseeküsten Englands und Nieder-lands nicht selten ist, und, zumal wenn er schwimmt, einer Ente nicht unähnlich sieht, trägt hier und da in engl. Mundarten wirklich den Namen Yelper. Es ist dies die schöne Recurvirostra Avocetta, mit ihrem sonderbar aufwärts gekrümmten Schnabel. Andre engl. Namen dieses Vogels sind Scooper, Coblor's-awl-duck, Butterflip, Crooked bill, und Avocet, Scooping avocet, wie er in engl. Büchern heisst. Sein niederländischer Name ist Kluit, und mundartlich in Süd-Holland an der Maasmündung unterhalb Rotterdam, heisst er auch Raan. Auf der ost-friesischen Insel Borkum trägt er den Namen Kroontje. In Deutschland scheint der Vogel wenig bekannt zu sein, da er dort keinen volksthüm-lichen Namen hat. In Brehm's Thierleben finde ich nur Säbelschnäbler. Krumm- oder Verkehrtschnabel, Schustervogel, dieser letzte Name ist wohl eine Nachbildung des englischen Cobler's-awl-duck.

Andere niederländische Namen des Enterichs sind noch: Woerd, Waard, Woord, in West-Flandern Maschelaer, bei Diest in Süd-Bra-bant Wen'ger, Wenderik, in Nord-Brabant Woender, um Utrecht auch Winder; westfriesisch iërk, eärk, jerk, in den westfl. Städten erk.
Haarlem.   Johan Winkler.

b. Drake ist der ganz allgemein übliche Name für Enterich in der Umgegend von Hannover, und im Einbeckschen. Im hannov. Wendlande heisst der Enterich waenack.   Einbeck.   A. Hemme.

c. Die Benennung 'dei Droko' für die männliche Ente ist in Südhannover überall gäng und gebe.
Nienhagen b. Moringen.   H. Sohnrey.

6. Anfrage.

In einer Urkunde (Testament) von 1419 heisst es: in eynem abte by minem bedde in minor kameren hebbe ok 600 Rinsche gulden — —. item hebbe ok in dem sulven abte 14 gulden vingern (d. i. Ringe).
Was ist ein Abt?
Halberstadt.   G. Schmidt.

7. Mus und Mine (s. VI, 15).

a. Zur Erklärung verweise ich auf die mit der Endung -ina movierten Feminina zu lat. Masculinen auf -us, wie die Eigennamen Carolus — Carolina, Wilhelmus — Wilhelmina. Also 'männlich oder weiblich, alles einerlei' mag die ursprüngliche Bedeutung der Redensart sein.

Witzenhausen. E. Schröder.

b. det is mus as mine ist eine Entstellung oder richtiger Umdeutung des alten mûs as moem (moder), Maus wie Mutter, worüber Schiller im Thier- und Kräuterb. (Art. Maus), Wander und Lübben unter demselben handeln. Vor einigen zwanzig Jahren habe ich wiederholt von meinen ländlichen Verwandten in der Umgegend von Neustrelitz den Spruch gehört: dat's mûs as moem, de kater bit's beid'.

Der 'richtige Berliner' hat, wenigstens in der 1. Auflage, es nicht gebührend hervorgehoben, dass die vermeinten Beroliniamen zur bei weitem grösseren Hälfte gemeinsames Eigenthum des deutschen Nordens sind, und er hat es andererseits auch versäumt, in der eigenthümlichen Umbildung den gar oft erkennbaren ndrd. Grundtypus hervorzuheben.

Schwerin. Fr. Latendorf.

c. Die Redensart ist auch in Berlin selbst allgemein verbreitet; s. 'der richtige Berliner in Wörtern und Redensarten', 3. Aufl. S. 53, wo die Bedeutung eins wie's andere angegeben ist, richtiger als mit dem oben S. 15 hinzugefügten Nachsatze.

Zur Erklärung verweise ich auf Wackernagels Abhandlung über die deutschen Appellativnamen (kleine Schriften III, 146. Anm.). Die dort fragweise angesetzte Deutung durch Wilhelmus und Wilhelmina scheint mir allerdings durch die Beispiele alliterierender Verbindung zweier Namen nicht genügend erhärtet zu sein, denn so bekannt die Abkürzung von Wilhelmine in Mine ist, so ungewöhnlich ist doch Mus für Wilhelmus.

Lübeck. P. Foit.

III. Notizen und Anzeigen.

1. Beiträge fürs Jahrbuch sind einem der Mitglieder des Redaktionsausschusses (s. II, 57) einzuschicken.

2. Zusendungen fürs Korrespondenzblatt bitten wir an W. H. Mielck, Hamburg, Dammtorstrasse 27, zu richten.

4. Einzelnummern früherer Jahrgänge sind, soweit der Restvorrat an solchen reicht, nur erhältlich durch Henricus Fischer's Buchhandlung in Bremen. Die Nummer von 8 Seiten kostet 25 Pf., die von 16 Seiten 40 Pf., einbegriffen freie Zusendung. Der Betrag kann in Briefmarken der Bestellung beigelegt werden.

5. Ihren Jahresbeitrag für das Jahr 1881 haben bereits eingeschickt:

    a. Anstalten und Vereine: Leipzig — Universitätsbibliothek. Stettin — Gesellschaft für pommersche Geschichte. Strassburg — Kaiserl. Universitäts- und Landesbibliothek. Wernigerode — Gräfl. Bibliothek. Wismar — grosse Stadtschule.

    b. Mitglieder: De Beer - Amsterdam. v. Bandiz - Göttingen. Brandt - Baltimore. Brunnemann - Stettin. Collitz - Berlin. Dahlmann - Leipzig. Frischbier - Königsberg. Galléé - Utrecht. Gaedertz - Berlin. Hansmann - Dorpat. Jacobs - Wernigerode. Korn - Leyden. Königs - Neunkirchen. Peters - Leitmeritz. v. d. Ropp - Dresden. Sachs - Brandenburg. Sauerwein - Neubrandenburg. Schlerenberg - Melnberg. Sprenger - Northeim. Bothe Graf Stollberg - Ilseburg. Vloten - Bloemendal. Volquardsen - Göttingen. Wilken - Güttingen. Zacharias - Zingst.

    c. Bezirke: Emden — Dolter, King, v. Senden, Viktor, Gesellschaft f. bild. Kunst u. vaterl. Alt. Norden — ten Doornkaat - Koolmann, Soltan, Tasks. Wolfenbüttel — v. Alten, Milchsack, Quiddo, Zimmermann, Ortsverein, herzogliche Bibliothek.

Hamburg, 1881. August 28. W. H. Mielck.

VI. Jahrg.   Hamburg, September 1881.   № 5.

Korrespondenzblatt
des Vereins
für niederdeutsche Sprachforschung.

I. Kundgebungen des Vorstandes.

1. Veränderungen im Vereinsstande.

Eingetreten in den Verein sind die Herren:
Dr. ph. Lohmeyer, Gymnasiallehrer, Altena.
R. Strackerjan, Major a. D., Oldenburg im Grofsherzogtume.
Eickhoff, Gymnasiallehrer, Gütersloh.
Ameler, Superintendent, Herford.
Dr. ph. Berndt, Gymnasiallehrer, Herford.
Dr. med. H. Hartmann, Sanitätsrat, Lintorf in Hannover.
H. Brandes, stud. phil., Berlin, Lichterfelderstrafse 30.
Dr. Schloh, Lehrer an der Landwirtschaftsschule, Herford.
Dr. R. Drooge, Gymnasiallehrer, Minden in Westfalen.

Veränderte Adressen:
Dr. Mücke, bisher in Köln, jetzt Gymnasiallehrer in Wetzlar.
K. Lincke, bisher in Keilhau, jetzt Klostermühle bei Reinhardsbrunn.
Russell, bisher Göttingen, jetzt per Adr.: Herrn Amtshauptmann Russell in Meppen.
Dr. A. Brandl, bisher Innsbruck, jetzt Privatdocent in Wien, III. Hetzgafse 20.
R. Oeltjen, bisher in Löbau, jetzt erster Seminarlehrer in Reichenbach in der Lausitz.
Dr. ph. Grosse, bisher in Halle, jetzt Gymnasiallehrer in Arnstadt.

Berichtigung:
C. Schöffer in Amsterdam, nicht L. Schöffer wie V, 17 und 86 gedruckt.
Durch den Tod hat der Verein verloren das Mitglied:
Dr. F. Compart in Güstrow.

2. Jahresversammlung in Herford.

Der Bericht über dieselbe kann erst in der nächsten Nummer geliefert werden.

3. Abrechnung über den fünften Jahrgang (1880) des Vereins für niederdeutsche Sprachforschung.

Einnahme.

399 Mitgliederbeiträge . . . . ℳ 2071. — 54
  nämlich: 388 zu 5 ℳ . . . . . . ℳ 1940.
        5 „   6 „ . . . . . . „   36.
        4 „ 10 „ . . . . . . „   40.
        1 „ 55 „ . . . . . . „   55.

Transport	ℳ 2071. — ₰
37 rückständig gebliebene Beiträge	„ 185. — „
Kleine Mehrbeiträge	„ —. 80 „
Ein Extrabeitrag	„ 52. — „
Für 37 im Buchhandel abgesetzte Hefte des Korrespondenzblattes vom vierten Jahrgang	„ 37. — „
Für 123 Hefte desselben früherer Jahrgänge	„ 123. — „
Halber Reinertrag vom Jahre 1879 aus Jahrbuch IV (1878)	„ 309. 53 „
Für Vereinsmitgliedern nachgelieferte Vereinsschriften	„ 6. — „
	ℳ 2784. 33 ₰

Ausgabe.

Kosten des Jahrbuchs	ℳ 1501. 25 ₰
nämlich:	
441 Mitgliederexemplare zu 240 ₰ . . . ℳ 1058. 40 ₰	
Honorar für die Mitarbeiter . . . . „ 380. — „	
Versendungskosten . . . . „ 62. 85 „	
Kosten des Korrespondenzblattes V; 8 Nummern = 6 Bogen (Auflage 600) nebst Titel, Register und Umschlag zu Jahrgang IV	„ 627. 04 „
nämlich:	
Druck, Papier und Setzerkorrekturen . ℳ 462. 90 ₰	
Porto und Expedition . . . . . „ 164. 14 „	
Ein Heft vom Korrespondenzblatt, Jahrgang I	„ 1. — „
Portoauslagen	„ 57. 39 „
nämlich:	
Ein- und ausgehende Geldsendungen . ℳ 13. 60 ₰	
Paketbringegeld . . . . „ 1. 35 „	
In Angelegenheit des Vorstandes, des Jahrbuchs und des Korrespondenzbl. „ 35. 19 „	
Von den Herrn Bezirksvorstehern verrechnet . . . . „ 7. 25 „	
Einige Verwaltungsdrucksachen	„ 11. 50 „
Programm und Drucksachen für die Jahresversammlung	„ 18. 50 „
Kosten der Vorstandssitzung in Hamburg, 1880, Decbr. 28	„ 89. 90 „
nämlich:	
Miethe des Versammlungszimmers . . ℳ 3. — ₰	
Reisespesen der Vorstandsmitglieder . „ 86. 90 „	
	ℳ 2306. 58 ₰

Vermögensstand von 1880.

Kassenbestand, übernommen vom Jahrgang 1879 . . . . ℳ 3. 58 ₰ (siehe Korrespondenzblatt V, S. 74).	Kosten von 1880 . . . ℳ 2306. 58 ₰
	Guthaben bei der Sparkasse . . . . . „ 2642. 70 „
Einnahme von 1880 . ℳ 2784. 33 ₰	Kassenbaarbestand . . „ 481. 33 „
Guthaben bei der Sparkasse, Buch-№ 55083 „ 2587. 50 „	ℳ 5430. 61 ₰
Zinsen, notirt Ende Juni 1880 . . . . „ 55. 20 „	
ℳ 5430. 61 ₰	

Hamburg, 1881, August 31.   W. H. Mielck.

4. Prüfung der Abrechnung.

Die Abrechnung ist mit den Büchern und Belegen von uns verglichen und richtig befunden worden.

Hamburg, 1881, September. H. Brockmann. Lukas Gräfe.

II. Mitteilungen aus dem Mitgliederkreise.

1. Ausdrücke für „schlagen" und „trunken sein" im kalenbergischen Platt.
(v. J. 1776.)

Im Jahre 1776 erschien anonym in Göttingen bei Johann Christian Dieterich eine Reihe kleiner Schriftchen in Prosa und Poesie, in denen Joh. Christ. Heinr. Meyer (s. Goedecke Grundriſs II, S. 707) über die dichterischen Richtungen und Liebhabereien der Zeit seine satirische Laune ergoſs. Vornemlich war es die Odendichtung und Bardenpoesie, welche ihn dazu reizte. Der Titel des ersten Schriftchen lautet: 'Die neue Deutschheit nuniger Zeitverstreichungen. Erstes Pröbgen Allen Pritſchmeiſtern, After-, Morven-, Skalden-, Barden-, Minniglichen- und Wonniglichen Poſsierlichkeits- Machern zugeeignet.' In diesem ist die Vorrede niederdeutsch verfaſst. Ich teile sie hier mit, da das Werk ziemlich selten geworden zu sein scheint. 'Vorreden môtet jo in allen Beukern ſtahn, wenner ock ſonſt nike inne ſteit; un darum will ek jük ok eine horſchriwen, dat ji ſein kônt, wo klauk dat is, dat nu jeder in ſiner Moderſprake ſchmâren kann. Wat schôl wi so velo Baukstawen ſchriewen, dei wi doch nich leſet, und nich bruket? un warum ſchôll ufe Jungens Coldingen ſchriewen, da ſe doch Caulje leſet!

Ufe Deiſter Sprake is buten dat de ſtarkſte, den et is de Moderſprake der Engliſchen, dat is ſau gewiſs, dat kein Minſch dei Sprake bäter leeren kann als wi.

Lofe mek nu mahl einer einet von ufen nien hochdütschen Minne-Liedern, un ſegget et mek emahl, of dat wat eck jük hierher ſchriewen will nich tein mahl mehr Nadruck hoſt.

    Minne Leid von einem Deiſterſchen Minneſinger.

    O du lütje nühtleke Deeren,
    Du ſühſt geeren,
    Dat eck deck ſog beſcheit,
    Wen du mien eiwig Leid
    Nich wut verſtahn.
    Alle mien kôren,
    Wut du nich hôren,
    Dat ſchall up deck nich gahn.
    Du frogſt vor ſchwart un wit
    Wo deck de Schönheit ſit.
    Hôr eis mien Lûht!
    Schal eck recht ſprecken
    Schôn bist du Mâken
    Alles an deck is ſihn.
    Dat mot en Oſse ſihn,
    Dei dat nich ſüht.

Dat Starke wat in düfsen Leide steckt bruke eck nich erst uhtenander te setten; eck dencke dat et jeden miner Leser in de Ogen lüchtet. Wat kann wol starker sihn als dat Enne! dat bete eck enen Bewies! Jück Recensenten will ek sükker Uhtdrücke noch mehr tom besten gewen, wen ji mek darum biddet, den ji könt se schöne bruken, wen ji jück nich lange upholen willt, un jück mit einander Katzebalget. Von der Starke user Calenbarger Sprake sei eben sau den Hochdüsschen vorgahen schölle, als de Calenberger Brailfse dem Witzenhäfer, will eck hibr nicks mehr seggen; bi Gelegenheit mehr; wenn eck orst seie dat ji wedder mit Lusten darub sist.

Gleich im zweiten 'Pröbgen' spricht sich der Verf. folgendermaßen über denselben Gegenstand aus:

'Da ich in meinem vorigen Pröbgen bereits den Anfang gemacht habe meinen Lesern das Nachdrückliche und die Stärke, deren unsere Plattdeutsche Sprache fähig ist, zu zeigen, und da ich mit Vergnügen gesehen habe, daß das darin befindliche Minne-Lied gut aufgenommen worden, so erfordert es meine Pflicht hier nicht stille zu stehen, sondern dem geehrten Publico dieses noch auf eine weit treffendere Art darzuthun. Die Stärke des Ausdrucks, diese Naivetät, zeigt sich am mehrsten in solchen Worten, welche unmittelbar dazu dienen den Grund-Character meiner Nation auszudrücken, oder in sein volles Licht zu setzen.

Kann man aus der Menge von Ausdrücken, aus deren verschiedenen Nuancirung auf die Sitten und den Character der Nation den Schluß machen, so folgt nothwendig, daß Tapferkeit ein Hauptzug in dem Character der Plattdeutschen seyn muß; eine Tugend, die ich zwar allen Deutschen überhaupt nicht abzusprechen verlange, die sich jedennoch an mehrsten in Niedersachsen gezeigt hat, und noch zeigt. Hier wäre es Zeit, unsern und den Braunschweigschen Helden das Compliment zu machen, allein Geschichtskundige kennen die Hermanne, Ottone, Heinriche, Ferdinande, und die sie nicht kennen — ey die mögen sie kennen lernen.

Meine Landesleute, die ächten Abkömlinge der Chausen und alten Sachsen, haben jederzeit den Satz bewiesen, wo es nur verlangt wurde; nicht allein auf Kindelbieren und Hochzeiten mit den Schemelbein, welches sie mit Nachdruck zu führen wissen, sondern auch in Morea, auf der Insel Candia, beym Schellenberge in Flandern und Brabant, am Rhein und dem Mayn, an dem Neckar und der Weser führten sie den Degen auf ähnliche Weise, schlugen zweymahl in eine Stelle und zeigten sich ihrer alten Ahnen würdige Söhne. So sehr nun die französische Sprache der unsrigen in Ansehung der Benennung und Classification der Narren und Huren vorgehet, so sehr übertrift bey weiten die starke Plattdeutsche Sprache alle andere in der feinen Unterscheidung der Arten Schläge zu bekommen, welche auszutheilen und zu trinken. Dieses desto bündiger darzuthun, will ich nur einige hier zum Beispiel anführen: In der Schule empfangene Streiche drückt das Wort Klappen aus, dagegen die Schlägerey der Buben untereinander durch Füsstjen gar zierlich gegeben wird. Knüfsen ist der Ausdruck, wenn sich ein Paar in der Schenke geschlagen; Wicksen oder Woifen, wenn ein Vater seinen Kindern eine Correction giebet, ist es mit der Ruthe, so heißt es Fitzen; Karnüflen, wenn sich Ehegatten schlagen; Tageln, wenn Knechte und Mägde von ihren Herrn bestraft werden u. s. w. Dieser Ausdrücke könte ich eine erstaunende Menge hersetzen, allein ich will nur blos Exempel aus dem vorigen Kriege anführen, durch welche die Schlachten sogleich mit allen Umständen blos durch den Ausdruck und den Gebrauch des passendsten Worts uns fühlbar gemacht werden. Bey Crevelt, wurden die Franzofen von uns geknüppelt; bey Mähr, gekranzbeiftert; bey Fellinghaufen, gelafchot; bey Ochfendorf, gedrefchakelt; bey Minden, gewullet; bey Covelt, geklabastert; bey Wilhelmsthal, gekafterviolet; bey der Brücken-Mühle, gebumpfet (Man bemerke wie fehr dieser Ausdruck die heftige Canonade anzeiget); und aus dem Lande wurden fie 1758 hinaus gebumfafet. Welch ein Schatz von Ausdrücken! wie angemeffen der Sache, von der die Rede ift! welche Sprache in der Welt vermag uns etwas ähnliches aufzuweifen!

Unter denen Nordamerikanifchen Wilden finde ich zwar fo etwas, allein ich will meine Lefer nicht durch dergleichen Abweichungen von der Hauptsache abführen. Folgendes mag zum Beweife diefes Satzes genug feyn: Wenn der erwachfene Wilde etwas zu Effen fordert, fo fagt er Cadagcariax, diefes drückt feinen Hunger fowohl, wie auch die Art der Speife, die er verlangt, aus; da ein Kind unter gleichen Umftänden nur Cautfore fagt, welches foviel heifst als: ich bitte um Löffel-Speife. Allein ob ihre Sprache gleich fo voller Metaphern ift wie eine, fo finde ich doch kein ftärker Bild, keinen allegorifchern Ausdruck als den meiner Landleute, wenn sie einen Menfchen befchreiben wollen, welcher fich übermäßig befoffen hat. Es heifst von ihm: hey is fo dicke als en Schinderlewe. Da die Hunde diefer Art Laute gemeiniglich vor Fett kaum gehen können, fo weifs ich nicht, ob man etwas paffenderes fagen könte. Ueberhaupt ift die allmählig steigende Befoffenheit fo im Plattdeutfchen characterifirt, dafs fich kein Zuftand des Trunks gedenken läffet, von welchen nicht paffende Ausdrücke vorhanden wären. Welch eine feine Nuancirung von dem feinen Ausdruck: bey het fek wat int Oge wifchet, bis zu dem erft benannten, welches den höchften Grad anzeiget.

Da ich nicht gerne eine Sache blos zur Hälfte thun mag, fo will ich meinen Lefern hier den ganzen Schatz mittheilen; fie mögen es Knüpplologie oder wie fie wollen benennen, der Name thut nichts zur Sache.

1. Affchmären, 2. Böften, 3. Bumfafen, 4. Dachteln, 5. Dolwen, 6. Dreschakeln, 7. Dröfchen, 8. Fegen, 9. Fitjen, 10. Fitzen, 11. Fuftjen, 12. Fuchteln, 13. Gallern, 14. Giefseln, 15. Garben, 16. Hallafchen, 17. Hamern, 18. Herumhalen, 19. Knüppeln, 20. Kloppen, 21. Knipfen, 22. Köllorn, 23. Kranzheiftern, 24. Korranzen, 25. Knirfitjen, 26. Kielen, 27. Karwatfchen, 28. Kurwachteln, 29. Kalefchen, 30. Kafterviolen, 31. Knaffen, 32. Karnäffen, 33. Knüffeln, 34. Lafchen, 35. Lufen, 36. Leddern, 37. Pauken, 38. Pietfchen, 39. Prügeln, 40. Pifacken, 41. Pulen, 42. Schlaen, 43. Schmieten, 44. Schmähren, 45. Schrallen, 46. Schrammen, 47. Striegeln, 48. Tageln, 49. Tackeln, 50. Taudecken, 51. Taurichten, 52. Tulen, 53. Verfohlen, 54. Verfueftkielen, 55. Walken, 56. Wamfen, 57. Weifen, 58. Wickfen, 59. Wullen, 60. Wörteln.

Soweit für diesmal die Mitteilungen aus der neuen Deutschheit. Es finden sich noch etwa 8-9 plattdeutfche Gedichte darin, aus denen später noch Proben folgen sollen. Jetzt genüge eine Strophe des Trinkliedes, die auf S. 14 im zweiten „Pröbgen" steht, weil sich eine lexikalisch-etymologische Bemerkung des Verfassers daran knüpft. Die Strophe lautet:

„Hier [auf dem Lande] kann Hans und Greitj en Döbnken fingen,
Dort [in der Stadt] makt fei fek fpitze Mühler tau,
Laht fek wohl up föwen Dänfse dingen,
Un de Kehrels segget nicks datau.
Mihne Greitje scholl fek mahl eis mucken,
Schleug ek öhr de Jacke vull.

Seigſt du eis dat Uckerwenſche Hucken,
Glöweſt du ſe wöhren alle Dull".
Zu dem in dem vorletzten Verſe vorkommenden Uckerwenſch bemerkt der Verf.: 'Ueckerwenſch heiſst ſoviel als albern. Ohne Rutbecks Geiſt zu beſitzen, will ich es doch wagen, meine Gedanken über die Entſtehung dieſes Wortes zu geben. Die Sitten und die Sprache der Wenden waren unſern alten Vorfahren ein Aergerniſs, vielleicht nun zeichnete ſich unter dieſen vorzüglich diejenige Nation, welche die Uckermarck bewohnte, aus und wurde ſo zum Sprichworte, wie in neuern Zeiten einige Orte Deutſchlands es vielleicht unverdient geworden ſind.'

Elberfeld.   W. Crecelius.

2. Der alte Hildebrand (s. IV, 12, 50, 79).

a. In der Anmerkung zu dem Grimmſchen Märchen Nr. 95 (aus dem Oeſterreichiſchen) ſind noch zwei Varianten, die eine aus Deutſchböhmen, die andere aus Heſſen mitgetheilt. In erſterer ſingt der Pfarrer:

        Ich hab einen Boten ausgeſandt, Alleluja!
        Auf Padua in Wälliſchland, Kyrieeleiſon!

Dann ſingt die Frau:
        Ich habe ihm drei Gulden Geld gegeben, A.!
        Und zwei Laib Brot daneben, K.!

Hierauf ſingt der Mann mit der Butte:
        Dort steht meine Butte an der Wand, A.!
        Drin ſitzt der alte Hildebrand, K.!

Endlich der alte Hildebrand:
        Jetzt muſs ich ausſteigen, A.!
        Kann ja nimmer drinne bleiben, K.!

In dem heſſiſchen Märchen ſagt die Frau:
        Ich hab meinen Mann wohl ausgeſandt
        In das Tik-Tak-Tellerland.

Der Pfarrer:
        Ich hab ihm gegeben ein braunes Pferd
        Und hundert Thaler auf den Weg.

Der Gevatter des alten Hildebrand:
        Ach du lieber Hildebrand,
        In der Kötze an der Wand!

Endlich der alte Hildebrand:
        Ich kann nicht länger ſtille ſchweigen,
        Ich muſs aus meiner Kötze ſteigen.

In einer ſchwäbiſchen Variante in E. Meier's Volksmärchen aus Schwaben Nr. 41 ſingt der Pfarrer:
        Wenn wir gegeſſen und getrunken hab'n,
        Dann liegen wir auf Stroh.
        Viderallala, Viderallala!

Die Frau: Mein Mann der iſt nach Seebronn aus,
        Iſt zehn Stund weit von hier.

Der Mann mit der Krätze (Korb):
        Dort ſtackt ein Nagel in der Wand,
        Dort hängt mein lieber Hillenbrand.

Der Müller Hillenbrand:
        Jetzt kann ich aber nimmer ſchweigen,
        Jetzt muſs ich aus meiner Krätze ſteigen.

W. Grimm verweist in der Anmerkung noch auf die Münsterischen Geschichten, Sagen und Legenden nebst einem Anhange von Volksliedern und Sprüchwörtern, Münster 1825, S. 215, und auf Pröhle's Kinder- und Volksmärchen, Nr. 63. Letzteres Märchen gehört nur insofern her, als es sich auch in ihm um eine treulose Frau und einen Pfaffen handelt. An ersterer Stelle sind als Volkslied folgende Reime gegeben:

    Ik hew minen Mann nao Rome schickt
    Mi Water te halen.
      Laderadit, Laderadat, Dideldideldom!
    Min Mann de het Hildebrand,
    Sit in de Kip', hängt an de Wand.
      Laderadit, Laderadat, Dideldideldom!
    De Manu de namm dat Kniwelspitt
    Un schlött sine Frau bis dat se ligt.
      Laderadit, Laderadat, Dideldideldom!

Neuerdings endlich ist von August Bondeson, Halländska Sagor, Lund 1880, Nr. 26, eine schwedische Version unseres Schwankes bekannt gemacht worden. Hier singt der Pfarrer:

    Ja, som e iar sangnaⁿpräst,
    Ja s boen hid som jäst.
    (Ich, der ich euer Pfarrer bin,
    Ich bin hierher zu Gast geladen.)

Die Bäuerin singt:
    Min mann e gauen to Bättlehem
    Å hänta de gröna gausabain.
    (Mein Mann ist gegangen nach Bethlehem,
    Zu holen das grüne Gänsebein.)

Der Knecht des Bauern singt:
    Hör du, bonne, som i säkken staur,
    Du hör la nu, hor dai visan gaur!
    (Hör du, Bauer, der du im Sack steckst,
    Du hörst wol nun, wie das Lied geht).

Der Bauer, dessen Name nicht genannt ist, singt:
    Ja bör näkk visan mü stor förtred,
    Män du mä tro, präst, ja ska lappa deg!
    (Ich höre das Lied mit grofsem Verdrufs,
    Aber du kannst dich drauf verlassen, Pfarrer, ich werde
        dich durchprügeln).

Weimar.   Reinhold Köhler.

b. Es ist bekannt, dass der 'alte Hildebrand' im volke als grober 'bäurischer' kerl fortlebte. Hierdurch liess sich wol auch Zachariä im Renommisten bestimmen, den polternden oberschnurren auf dem naschmarkte zu Leipzig so zu nennen: 'der bäscher oberster, der alte Hildebrand', während er sonst in dem gedichte nur mythologische oder komisch gebildete namen bat. Northeim.   R. Sprenger.

3. Kinderlied vom filius Jesus (s. VI. 27).

a. Die vier ersten Zeilen des Kinderliedes aus Oldenburg in Wagrien stimmen überein mit einem holländischen Kinderliede, das in folgender oder doch nur wenig abweichender Fassung in den Niederlanden, und zumal in Holland sehr verbreitet ist.

    'Abrikosen-Mietje!'
    "Moeder! wat moet ik doen?"

'Kind! jy moet naar school toe gaan.'
"Moeder! ik heb geen schoen."
'Trek je vaders laarsen an.'
"Moeder! die syn mi te groot."
'Sny er dan een stukje af.'
"Moeder! dan ben ik een jood!"

So wurde es mir in meiner Jugend vorgesungen. Prof. Dr. J. van Vloten, in seinen 'Nederlandsche Baker-en kinderrymen.' Leiden, 1871, gibt es in folgender Fassung:

Abrikozen Maartje,
Moeder, wat moet ik doen?
Ga de koeien melken!
Moeder, ik heb geen schoen.
Trek je vaders laarzen aan;
Moeder, die zijn me te groot,
Snij er dan een stukjen af,
Moeder ik ben geen jood.

"Mietje" und "Maartje" sind holländische Koseformen der Frauennamen Maria und Martha. Wegen der aubobacoenen Bedeutung der zwei letzten Zeilen wird das Lied eigentlich nicht oder nur halb in der Kinderstube geduldet; nichtsdestoweniger oder vielleicht eben deshalb kennen es alle Kindermädchen und alle Kinder.

Haarlem.   Johan Winkler.

b. Ich trage zwei bereits veröffentlichte Versionen nach, eine vom Niederrheine, eine aus dem Ditmarsischen. Die erste steckt in einem mit 'Gooske' überschriebenen Liede, welches Dr. Hans Zurmühlen [Dr. Paul Norrenberg] in dem Liederbuche des Dülkener Fiedlers, Viersen 1875, S. 90 Nr. 101 mitteilt. Was in demselben zu dem besprochenen Liede gehört, lautet:

```
       . . . . . . . . . . . . . . . . . . .
       Gooske maut no dö Schoole goan.
    5  Ach Moder, ek han dör ken Klompe.
       Zieh doch des Vaders Klompen an.
       Ach Moder, si send mich tö weit.
       Dann dou dech wat Heu un Stroh darin.
       Ach Moder, so send mich gut van passend.
   10  Als Gooske en de Schole quam,
       Do noam de Meester eene Stock
       On schlog dai Gooske op sinne Kopp.
       Da noam Gooske des lenkde Poot
       On schlog den Moester halbor doot.
   15  Do schleiten de Meiskes dö Bocke zu
       On leefen no Gookes Mooder tu.
       Gooskes Mooder woar net tö Hâus
       Do leipe sü . . . . . . . .
       20
```

Die Aufzeichnung des zweiten verdanken wir unserm Mitgliede Herrn H. Carstens, welcher dieselbe in der Wegener'schen Sammlung volkstümlicher Lieder (Leipzig 1880, Heft III, S. 312, Nr. 1005) hat aufnehmen lassen. Sie stammt aus Bunsoh bei Alberadorf und lautet:

```
   1  'Auguschʹn, Auguschʹn gah to School!'
      "Ik heff nix öwer de Föt."
      'Trek du dien Vater sien Stewel an!'
```

"Do stūnd mi ni to Paſs."
'Stek du daar'n halv Bund Stroh in,
Denn stūnd se di to Paſs.'
Un as Augusch'n to School koem,
Do wuss Augusch'n ehr Lex ni;
Persepter nehm de [!] Paristock
Un sloog Augusch'n op den [!] kahl'n Kopp.
Augusch'n nahm [!] dat linker [!] Been
Un sloog Persepter doot.
All de kinner neem'n jūm Böker ünnern Arm
Un sän: Augusch'n het Persepter doot slag'n
Nu lanten begrab'n mit goller [!] Bookstab'n.

Eine längere an demselben Orte mitgetoilte Variante bringt auch die Strophe: Persepter ik weet mien Lex betor as he.

Hamburg.   W. H. Mielck.

4. Vom frūh aufstehen (vergl. V, 60. 75. VI, 6).

In Lehmanns Florilegium Politicum — ich benutze die erweiterte Ausgabe Frankf. 1662 — findet sich S. 649 nr. 29 folgendes Sprichwort:

Der muss frūe auffstehen, der jederman will recht thun.

Müllenhoffs Erinnerung an eine Stelle der Kudrun ist gewiss Dankes werth, aber eine noch viel ältere Belegstelle findet sich in der Ilias II, 61, wo der Oneiros den Agamemnon ermahnt:

οὐ χρὴ παννύχιον εὕδειν βουληφόρον ἄνδρα

(Voss: nicht muss ganz durchschlafen die Nacht ein berathender Vormann'.

Franz Weinkauff theilte in einer Besprechung von Max Lübe's Buche „Wahlsprüche, Devisen und Sinnsprüche der Kurfürsten und Herzöge von Sachsen Ernestinischer Linie" aus Joh. Leibii Studentica, Coburg 1627 den Spruch mit, den Kurfürst Friedrich mit eigenen Händen mit grossen Buchstaben in seinem Schlafzimmer angebracht hatte:

Es steht keim Fürsten zu, welcher da Rath soll schaffen
Ein gantzen Land, dass er ein ganze Nacht thu schlaffen.

Die von Weinkauff dort citierten Worte des Silius Italicus 3, 172:
turpe duci, totam somno consumere noctem

waren wol den Prinzen-Erziehern geläufig. Der Kurfürst verrāth allerdings Kenntniss des Homer.

Rom.   Franz Sandvoss.

---

¹) Warum, das führt Seneca schön aus: omnium somnos illius vigilantia defendit, omnium otium illius labor, omnium delicias illius industria, omnium vacationem illius occupatio.

---

5. Namen-Entstellungen (s. IV, 85; V, 46).

Auch aus meiner Vaterstadt Elberfeld erinnere ich mich solcher Reimspielereien mit Namen (sowohl vokalisch wie konsonantisch anlautenden), wie sie dort Fr. Latendorf anführt. Die bei uns übliche Formel lautet: Hermann, Bidebermann, Didebitscherkatermann, Bidebitscher, Katatscher, katholischer Hermann oder Fritz, Bidebitz, Bidebitscherkatits, Bidebitschor, Katatscher, katholischer Fritz. — Uebrigens kennt man auch hier in Mitteldeutschland āhnliche Entstellungen. So wird mir als unter der Leipziger Jugend geläufig angeführt: Heinrich, Widewoinrich, Konditor, Kateinrich oder: Leno, Widewene, Konditor, Katene, und so mit allen Namen.

Schleiz.   H. Schultz.

6. Fischnamen.

In Niendorf bei Travemünde nennen die Fischer
den Seestichling, Gasterosteus spinachia, Stâkfink;
den Knurrhahn, Cottus scorpius, Wollkûs;
den Steinpicker, Aspidoforus catafractus, Storenhûser,
eine kleine Gobiusart Küling,
eine Butte, Platessa Limanda, Plattis. (In Kiel heisst sie Kleist,
in Meklenburg Schoning.)
Die Ostseequallen nennen sie Kapplâk und Siemer,
die kleinste Krabbenart, Schaffkrabbe, Schaffworm.
Wârm heisst eine Art kleine Heringe, die als Köder an der Angel
gebraucht werden.

Lübeck. C. Schumann.

7. Zum Jahrbuch 1880.

S. 132 z. Visio Philiberti V. 179. Eichhorn als Speise wird mir nun doch von F. Bech nachgewiesen, der mir folgende Stellen mitteilt: Nürnberger Polizeiordn. ed. Baader S. 193, Z. 11. ff. — Danziger Chronik in Scriptores rer. Pruss. IV, 354, Z. 17 — Urkundenbuch v. Klosterneuburg (Fontes rer. Austr. 2. Abt. 10. Band. 1. Teil) ed. Zeibig, S. XLV. Anm., wo asperioli auf der Speisekarte der Mönche figurieren.

Northeim. B. Sprenger.

8. bemöten (s. V. 66, 95).

a. En et Gemöt komme = entgegenkommen in freundlichem und feindlichem Sinne, besonders jedoch in letzterem. Nur als Hauptwort bekannt.

Bonn. J. Spee.

b. Die Landleute in Südhannover kennen den Ausdruck sehr wohl. Sie sagen: 'Ilei is meck in dei Meute komn'. 'We hewet flaaek emot'. 'Sei meuten seck grade be'n Eikenhame.'

Nienhagen bei Moringen. H. Sohnrey.

c. in de Möte kamen, auch so im hannoverschen Wendlande und in der Gegend von Neustadt bei Hannover und hier im Einbeckschen (s. Schambach). Einbeck. A. Hemme.

d. Zu den von Herrn Franz Sandvoss in Rom mitgetheilten Bemerkungen über 'bemöten, Möte' u. a. füge ich hinzu, dass in der Gegend von Fallersleben das Verbum 'metten' = begegnen ganz gebräuchlich ist; ebenso wird dort die Redensart: 'Wenn sei mick in de Möte (oder 'Mettige') kummt nicht selten gehört. Hannover. H. Mohrmann.

e. Den Ausdruck möten, bemöten, in de möte komen oder gân, kann man hier noch täglich hören, wenn man das Volk belauscht; während es im Verkehr mit den Gebildeten sagen wird begignen, entgigen komen. Es mag auf den ersten Blick auffallend erscheinen, dass die Frauen auf den Bauerhöfen in der Regel noch plattdeutsch reden, die Frauen der arbeitenden Classen aber hochdeutsch antworten, wenn man sie plattdeutsch anredet, während bei den Männern sich das umgekehrt verhält. Dies erklärt sich aber dadurch, dass die Meiersfrau mit ihrer eigenen Wirthschaft zu thun hat, und den Hof nicht verlässt, während der Mann mit den Behörden verkehrt und die Geschäfte ausser dem Hause besorgt. Der Ziegelarbeiter hingegen lebt oft 7 oder 8 Monat in der Fremde unter seines Gleichen,

und arbeitet in der übrigen Zeit wohl im Walde oder beim Wegebau, während die Frau auf Arbeit bei den Wohlhabenderen ausgebt und im Hause und bei der Wäsche aushilft.
Meinberg. G. A. B. Schierenberg.

9. Biele. Bricz (s. V, 18).

Bielo oder Beile giebt 'der richtige Berliner' s. 10 un mit der Bedeutung Kind. Ich kenne aus Berlin nur die erste Form mit schmeichelnder Nebenbedeutung. Wohl nicht in Berlin selbst, aber schon in der nächsten Umgebung ist der Ausdruck Anderbielekenkinder zur Bezeichnung entfernter Verwandter bekannt (siehe mnd. Wb. unter bolekenkindere, deutsch. Wb. II, 500). Beide Wörter gehören offenbar zusammen, und so ergiebt sich Biele als märkische Form oder Entstellung vonBuhle nd. Bole. Der Vokalwandel zwischen ö und ie findet sich z. B. auch in poken, pöken: picken; klöt, klût: klicter und in der V, 18 besprochenen Koseform bricz (= Bruder), die zum Femininum wohl nur durch das Geschlecht von bricskeule geworden ist. Lübeck. Feit.

10. Der Enterich im Niederdeutschen (s. VI, 38).

a. Wir Strelitzer sagen "wie der Altmärker allgemeine Arpel, hier in Schwerin, in Doberan, Neustadt höre ich nur waedik. Bei Edmund Hoefer findet sich als mecklenb., pommersch., hamburg. der Spruch: lat waden — — — saer de arpel, wo aber significante Schluss: wat ward woll warden fehlt. Eine Variante dazu aus Frischbier bringt das Wort Waat. In Schwerin sagt man von stolzen Personen: he krüft sick as'n wedik. He geit as'n wedik. Mantzel, Bütz. Ruhest. VIII. 1763, S. 67. wetick mas anas — — in provincia vicina [i. e. Hannover] appellatur een Dracke. Venatores utuntur voce Arpel, alibi vocatur talis masculus ein Endter.
Schwerin. F. Latendorf.

b. Erpel = männliche Ernte ist auch in Quedlinburg gebräuchlich, während man hier Drake sagt.
Northeim. R. Sprenger.

c. In meiner Vaterstadt Magdeburg und, so viel ich weiss, auch in der Umgegend derselben war zu der Zeit, wo ich dort lebte — also bis vor 32 Jahren — das Wort Erpel für die männliche Ente ganz gewöhnlich; Enterich glaube ich dort kaum im Volke je gehört zu haben. „Er hat ein Gedächtniss, wie ein Erpel" ward sprichwörtlich von einem leichtvergesslichen Menschen gesagt.
Hier in Stralsund und in der Umgegend, namentlich auf Rügen, ist nach allen Erkundigungen, die ich eingezogen habe, ebenfalls Erpel, Arpel, die gäng und gäbe Benennung der männlichen Ente. Drake kennt man hierzulande gar nicht für den Enterich; auch hat das Rügen-Pommersche Wörterbuch von Dähnert (1781) das Wort nicht in dieser Bedeutung, sondern nur in der von Dracbe. Uebrigens findo ich auch im mnd. Wtb. wol erpel, nicht aber drake für Enterich. Der Familienname Drake kommt in hiesiger Gegend vor, ob er aber Drache oder Enterich bedeutet, weiss ich freilich nicht.
Stralsund. O. Francke.

d. Anas mas trägt im Niederdeutschen eine ganze Reihe verschiedener Namen, die verbreitetsten sind: wart, drake, wetik, erpel. Von diesen gilt das Wort erpel in den Gebieten, wo wart und drake gebräuchlich sind, anscheinend als hochdeutsch.
Wart herrscht im westlichen Küstengebiete.

Für Holstein wird dieser Name bezeugt durch Schütze, holst. Idiot. IV 341 Warte: Männchen unter den Enten, und durch Müllenhof im Glossar zu Groth's Quickborn. Für Helgoland gibt Hoffmann v. F. in Frommann's Mda. III 33 an: Guârd, Enterich. In Bremen gilt er nach dem bremisch-niedersächseischen Wtb, I 20: davon [von der Ente] heifst der Vogel Warte; und ebenso in Oldenburg nach Frommanns Mda. III 501: von den Enten heifst der Enterich wârt. Stürenburg, Ostfries. Wtb. kennt keinen andern für Ostfriesland, S. 319: Waarte, woorte. 2) Enterich; auch nds. — Welche 'Preussen' gemeint sind in der Strodtmannschen Angabe in dem Idioticon osnabrugense S. 286: 'die Proussen nennen es [das Männchen der Ente] Warte', weifs ich nicht.

Drake sodann nimmt das nord-westliche Gebiet des Binnenlandsplatts ein.

So nach Schambach im Göttingisch-Grubenhagenschen Idioticon S. 47: drâko, m. [ahd. antrecho. engl. drake. osnabr. waek.] der Enterich, Erpel. Ferner nach dem Bremisch-niedern. Wtb. I 238: drake, ein Aenterich, anas mas. Hannöv. — Im Fallerslebor Platt sagt man drake nach Hoffmann v. F. in Frommann's Mda. V 54. Hier aber mischt sich schon das folgende Wort in die Mundart ein, denn für dieselbe Mundart und an derselben Stelle Seite 55 gibt Hoffmann v. F. an: erpel m., Enterich. Gegenüber der in Belgien versuchten Ableitung des Wortes darf darauf hingewiesen werden, dafs Grimm in seiner Grammatik II 516 und III 341 drake als Aphäresis von andrake, and. andriki erklärt.

Erpel ist das im Osten gebräuchliche Wort, gilt jedoch nicht ausschliefslich. Zunächst im Herzogtume Braunschweig; s. Brem.-niedors. Wtb. I 315: 'Erpel ein Aenterich anas mas. Im Wolfenb.' Sodann in der Altmark; s. Danneil, Wtb. der altmärkisch-platdeutschen Mda., S. 48: erpel, der Enterich, das Männchen der Ente [dagegen S. 243: wânack]. Und weiter östlich im Oderbruche nach der Angabe von Rubohn in den Mitteilungen des historisch-statistischen Voreins zu Frankfurt a. O. 1873. S. 52. Denselben und weiter keinen bringt Dähnert für Rügen und Pommern in seinem Wtb. S. 106 in der Form erpel, S. 16 in der Form arpel.

Das Gebiet des Wortes wetik, — richtiger vielleicht wodik, weddik — nimmt nur einen kleinern Raum auf der Sprachkarte ein, aber, was das Auffallende ist, dieser Raum verteilt sich auf zwei gesonderte Sprachinseln.

Eine dieser ist Meklenburg. Oestlich (und südlich?) von dieser sagt man erpel, westlich wârt. Nördlich bildet wol das Meer die Grenze. Zu dem oben von Latendorf Beigebrachten kann ich nur einen lexikalischen Beleg hinzufügen, nämlich Mi, Wtb. der Meklenburgisch-Vorpommerschen Mda, S. 106: wotick, (u), Enterich. Eigentümlich der Form wie dem Fundorte nach ist das Uelzener wütting, s. Korr.-blatt III 30. Die andere Sprachinsel, von welcher die genauere Umgränzung jedoch nicht gegeben werden kann, bildet das Osnabrückische und Ravensbergische. Allerdings erscheint das Wort hier in einer ziemlich veränderten Gestalt, aber die von Jellinghaus in seiner Westfälischen Grammatik der Ravensbergischen Mundart aufgestellte Gleichung kann wol nicht angezweifelt werden, und nach dieser entspricht wie ravenbergisches pīk und mīk gemeinniederdeutschem pēdik und mēdik, so wīk einem wedik, welches zweifelsohne dasselbe Wort ist, wie das zur Zeit als wedik, wätik notirte Meklenburgische Wort für Enterich.

Die anzuführenden lexikalischen Belege sind folgende: Strodtmann, Idioticon osnabrugense S. 286: Wyk, das Männchen unter den Enten. Schambach, Göttingisch-Gruh. Idiotikon, S. 47: ... [osnabr. Wæk.] Der Enterich, Erpel.—Jellinghaus, Westfäl. Grammatik 156: wik, m. Enterich.

Ob zur Erklärung dieses Vorkommens in zwei gesonderten Gebieten vielleicht angenommen werden darf, dafs colonisirende Westfalen im 11. und 12. Jahrhundert das Wort aus ihrer Heimat nach Meklenburg brachten und zwar in der älteren volleren Form, welche im Osten bei der Vermischung mit Kolonisten anderer Dialekte sich erhielt, während das Wort in seinem Heimatlande die der ungestört verlaufenden Veränderung des Dialektes entsprechende Verstümmelung erlitt?

Noch ist hier ein Wort für Enterich zu erwähnen, welches Danneil als altmärkisch anführt (Altmärkisches Wtb. 243). Dieses lautet wänack. Nach dem Vorkommen auf einem ganz beschränkten Gebiete und nach der Endung —ak darf es wol für ein slavisches Ueberbleibsel gehalten werden.

Für niederdeutsche Entstellungen des hochdeutschen Enterich habe ich nur zwei Belege gefunden. Einen aus dem Lippischen in Frommanns Mda. VI 50: ännerk, m., der Enterich; den andern als Dortmundisch in Köppens Verzeichnis der Idiotismen in plattdeutscher Mda., volkstümlich in Dortmund 1877 S. 18: ennerk, Enterich. Es braucht wol kaum bemerkt zu werden, dass diese Formen erst durch die Entwickelung des Schriftdeutschen ins jetzige Plattdeutsch hineingeraten sein werden.

An die Mitglieder ergeht die freundliche Bitte, darauf zu achten, ob mit obenstehenden Versuche, eine Begränzung zu finden, das Richtige im Allgemeinen getroffen ist und zur genauen Feststellung der jetzigen Grenzlinie beizutragen.

Hamburg.   W. H. Mielck.

11. Epeltern (s. V. 66, VI. 9).

Indem ich für die interessanten Erklärungen meinen Dank sage, teile ich noch zwei Volksreime mit, welche das Wort enthalten.

'Kukuk in den Epeltern,
Wonêr sall eck Vaddor wern'?

ruft man im Mai dem Kukuk zu, der aus dem Ahorngehölze seinen neckischen Ruf ertönen lässt.

'Epeltern
Frett dei fule Schoper gêrn'!

lautet ein ironischer Ruf an den Schäfer; nicht er, sondern die Schafe fressen die Epeltorn-Blätter gern.

Nienhagen bei Moringen.   H. Sohnrey.

12. Jagel (s. VI, 21).

Jagel scheint mir nur eine durch Anlehnung an Hagel veränderte Form des niederd. jokel, Eiszapfen. s. Mnd. Wtb. 2,409 und isjökel ebd. 393. Das Wort, dessen Verwandte in den übrigen germanischen Sprachen von Knorr angegeben sind, soll noch jetzt vorhanden sein. Wo? würde zu erfahren wünschenswert sein.

Northeim.   B. Sprenger.

13. Jord (s. IV, 80; V, 67).

a. Hierzu vergleiche man im Grimm'schen Wörterbuch Hildebrand's Artikel 'Garten', Sp. 1395, Absatz α, und Heyne's Artikel 'Heimgarten'.

Weimar.   Reinhold Köhler.

b. Herr Carstens wird wol das Richtige getroffen haben, denn Jord heisst in den jetzigen skandinavischen Sprachen gleichwie im Altnordischen die Erde und der Brauch scheint auf jene Feste zurückzuführen zu sein, welche man, wie Tacitus Germania, cap. 40, meldet, zu Ehren der terra mater feierte. Laeta tunc dies, festa loca! sagt er. Da wir unser Osterfest mit heidnischem Namen benennen, warum sollte an diesen ländlichen Festlichkeiten der heidnische Name nicht haften geblieben sein?

Meinberg.   G. A. L. Schierenberg.

c. Sollte nicht süddeutsch-alemanisches ürte, irte = Jord, Jurt in der Bedeutung am Nächsten liegen.

Donn.   A. Birlinger.

14. Mülen (s. VI, 15).

a. 'Mühlen' ist das französische 'mule', ital. 'mula' = Pantoffel; vgl. Diez, etymol. Wörterbuch, wo die Herkunft als ungewiss bezeichnet wird.

Bonn.   Loersch.

b. Das Wort mullen, eine Art leichter Hausschuhe bezeichnend, welche nur aus Sohle, und halbem, nur den Vorschuh bedeckendem Oberleder bestehen und keinen Absatz haben, ist überall in Nord-Niederland bekannt. In Friesland spricht man mülen. Diese Schuhe werden hier nur noch sehr wenig getragen, meist noch von älteren Frauen aus der Volksklasse auf dem Lande, von Schifferfrauen an Bord u. s. w. Früher wurden sie ganz allgemein getragen von Bäckern, Schustern und anderen Handwerksleuten, die zu Hause arbeiten, auch von alten, zur Ruhe gesetzten Bauern und Schiffern. Jetzt tragen Männer sie kaum mehr. Sie galten schon in meiner Jugend, vor 30 Jahren, in West-Friesland, als eine sehr klein-spiessbürgerliche, weichliche, fast schmähliche Tracht für Männer, so wie die Zipfelmütze, die nun auch gänzlich abgekommen ist. Wo nur die Eisenbahn hinkommt, schwinden 'mulen' und 'slaapmutsen'.

In Ost-Friesland sind sie eben so bekannt wie in West-Friesland und Holland. Man hat dort von dem Worte sogar das bekannte Wortspiel: 'In Ost-Freesland äten se brüggen, lopen up mülen, und hebben schapen in do tasske'. Denn brügge bezeichnet in Ost-Friesland sowohl Brücke als Butterbrod; mülen sind sowohl Mühlen als die obenbeschriebenen Hausschuhe; schaap ist sowohl Schaf, als eine alte ostfriesische Münzsorte. Weiter noch vermeldet Stürenburg (Ostfriesisches Wörterbuch) die Sprichwörter: 'Junk upp Mülen, old up Schlurren = wer sich's schon in der Jugend bequem macht, wird im Alter vollends in Faulheit und Nachlässigkeit verkommen. He sitt upp Müültjes bi 't Füür un spüttert in de Aske = Bild eines Faullenzers oder eines herz- und geschäftslosen, gelangweilten Particuliers'.

Der alte Cadovius bringt das Wort zusammen mit Mûl, Maul, niederländisch muil, weil der schlaffhangende Hinterteil der Sohle sich bei jedem Auftritt von dem Fusse entfernt, und an das Bild eines weitgähnenden Mundes (Maul) erinnert! Der holländische Sprachforscher Bilderdyk aber leitet das Wort, wohl mit mehr Recht, vom lateinischen mulleus (Schuh — vom alten mullare, nähen) ab.

Haarlem.   Johan Winkler.

15. Ohrwurm.

In dem Glossar zum 'Slennerhinke' (s. 147ste Publication des Litter. Vereins in Stuttgart p. 89) notirt der Herausgeber H. Jellinghaus:

aurkorf, statt aulkorf, aalkorb. Vgl. Oud. I, 2.
Das bringt mich auf die Vermuthung, dass das Thierlein, welches wir Obrwurm nennen und das bekanntlich mit dem Ohre gar nichts zu thun hat, eigentlich auch ein Aalwurm sei, also im hochdeutschen eine volksetymologisch behandelte Entlehnung aus dem niederdeutschen (Aurworm = Aulworm = Aalwurm) vorläge.

Rom.   Franz Sandvoss.

16. Placke, Plackenfever.

a. Korr.-Bl. I, 54 habe ich gemeint, Placke lasse sich im östlichen Niedersachsen nicht nachweisen. Vielleicht hat es sich aber in einem hamburgischen Ausdrucke erhalten, den mir Herr Direktor Dr. Stuhlmann mittheilt. Bekanntlich heisst das Fleckfieber auf ndd. Plackenfever, von Placken, Flecken. In Hamburg gebraucht man dies Wort auch von der Angst des Schülers vor Strafe; will solch ein Schuldbewusster nicht in die Schule, so sagt man: he het dat Plackenfever. Heutzutage wird jeder Hamburger dabei an die Flecken auf der Haut zurücklassenden, Schläge denken. Es wäre aber nicht unmöglich, dass ursprünglich die Scheu vor der Placke oder vor den Placken, d. h. den Schlägen, damit bezeichnet werden sollte.

Hamburg.   C. Walther.

b. De Brut sloug sik de schürte vor't gesichte un rare da sau fürchterlich in öhre schörte henin, as wenn sei'n plickas mit'r dicken berkenruute okrogen härro: De Aeckerjagd von H. Deumeland in Mörse bic Fallersleben, Braunschweig, Sievers u. Co. Nachfolger. 1875. s. 70.
Ob dies plickas zum besprochenen placke gehört? Ich benutze die Gelegenheit, die Vereinsmitglieder auf dies interessante Büchelchen aufmerksam zu machen.

Northeim.   R. Sprenger.

c. Zu den placken, Handplacken bemerke ich, dass solche Holzschlägel sich in mehreren Exemplaren vor einigen Jahren in einer Kloake bei St. Jacobi in Lübeck gefunden haben und jetzt im Museum Lübischer Alterthümer aufbewahrt werden (s. Zeitschrift des Vereins für lübische Geschichte und Altertumskunde. Bd. 2, S. 556).   Kiel.   P. Hafse.

17. Quanswis. (S. V, 20; VI, 30).

Das niederländische kwanswijs, kwansuis, bei Kilian quantsuys geschrieben, ist der Bedeutung nach identisch mit quasi und lässt sich im Hochdeutschen wiedergeben mit 'bloss zum Schein.' Es liegt nahe zu vermuthen, dass quanswis eine Umbildung des lateinischen quasi sei; nur muss man gestehen, dass die Umbildung ungemein schicklich zu Stande gebracht ist, denn man vergleiche nur Kilians quant (kwant): sodalis, socius, socius ludi, collusor, permutator, mit quantsuys: collusorie, lusorie, quasi vero, quasi, um zu bemerken, dass quantsuis, kwanswijs eine vollkommen richtige Adverbbildung ist aus dem subst. quant, kwant, dessen jetzige Bedeutung lustiger Bruder, Bube, Schalk ist.
Was den Uebergang der Endsilbe -swis in suis betrifft, ist derselbe dem in an. thveit, Niederl. duit analog. Wie der Uebergang des ältern suester in zuster sich vor der mnl. Sprachperiode vollzogen hat, muss auch schon vor 1200 die Form kwansuis bestanden haben, denn weder nach mnl., noch nach nnl. Lautgesetzen geht wy in ui über.

Leiden.   H. Kern.

18. Beermerog.

In dem vortrefflichen Sammelwerk von Dr. H. Weichelt 'Hannoversche Geschichten und Sagen' findet sich im 2. Band (Norden, D. Soltau) unter Nr. 124 eine Sage; 'Die Ueberfahrt der Seelen bei Nessmersiel. Eine Sage von der ostfriesischen Nordseeküste', mitgeteilt. In einem niederdeutschen Dialog zwischen dem 'Seelenverkoper' und dem Schiffer, der die Seelen nach dem 'witten Aland' transportirt, wird der Kurs des Schiffes dahin festgesetzt: 'Unner Beermeroog dör, de Akkmer-Ee ut, liek to liek an na Störkensmu'. Hier kann Beermeroog nur Baltrum sein, welches seit 1400 zuerst als Baltring (nordfriesisch = Weideland der Inseln) vorkommt. Es scheint also, dass dieses Oog ursprünglich nach dem am Festlande ihm gegenüberliegenden bedeutenderen Orts Berum genannt worden ist. Ist der Name sonst bekannt?

Norden.   Sundermann.

19. Daküle?

Was bedeutet der erste teil des namens Dáküle? so heist eine reichlich bewässerte, jetzt durchweg mit weiden bestandene niderung dicht bei Rinteln; ursprünglich beschränkt sich der name doch wol blos auf eine grösere pfütze oder 'kule' innerhalb derselben.

Cassel.   Ed. Lohmeyer.

20. Oberegünne, Huckedal?

Nochmals erlaube ich mir die Frage zu stellen: Was mag der Strassenname (Hildesheim) 'Oberegünne' bedeuten?

Ferner: Was heisst 'Hickethal' oder 'Huckedal'? Bezeichnung einer sehr schmalen tiefliegenden Gasse hinter der Domschenke und dem kathol. Gymnasium in Hildesheim; in dieser Gasse fliesst seit ältester Zeit ein Wasser, welches vor der Nordseite der Stadt kommt, früher in der Nähe des kleinen Domhofes die sog. Klickmühle trieb, heute aber mehr oder weniger Kloake ist. Ich habe mir den Namen — wenn man von der populären Erklärung: 'dal bucken' -hinabsteigen (scil. von dem hochliegenden Domplatze) absieht — bis jetzt nicht erklären können; jetzt werde ich durch Daniels Geographie, Deutschland, S. 1454 ob. wieder daran erinnert, wo da über Island steht: Sie (der Geyser und Strockr) liegen in einem überall von unzähligen heissen Quellen durchbohrten flachen Thale, dem Hoegedal, etc.

Northeim.   W. Hansen.

III. Notizen und Anzeigen.

1. Beiträge fürs Jahrbuch sind einem der Mitglieder des Redaktionsausschusses (s. 11, 57) einzuschicken.

2. Zusendungen fürs Korrespondenzblatt bitten wir an W. H. Mielck, Hamburg, Dammtorstrasse 27, zu richten.

3. Bemerkungen und Klagen, welche sich auf Versand und Empfang des Korrespondenzblattes beziehen, bittet Ebengenannter direkt der Expedition 'Fr. Culemann, Buchdruckerei in Hannover, Osterstrasse' zu übermachen.

4. Einzelnummern früherer Jahrgänge sind, soweit der Restvorrat an solchen reicht, nur erhältlich durch Henricus Fischer's Buchhandlung in Bremen. Die Nummer von 8 Seiten kostet 25 Pf., die von 16 Seiten 40 Pf., eingegriffen freie Zusendung. Der Betrag kann in Briefmarken der Bestellung beigelegt werden.

Für den Inhalt verantwortlich: W. H. Mielck in Hamburg. — Druck von Fr. Culemann in Hannover.

VI. Jahrg.   Hamburg, Oktober 1881.   № 6.

Korrespondenzblatt
des Vereins
für niederdeutsche Sprachforschung.

I. Kundgebungen des Vorstandes.

1. Veränderungen im Vereinsstande.

Eingetreten in den Verein ist Herr:
  Otto Knoop, Gymnasiallehrer in Bromberg, Schleinitzerstrafse 3.
Veränderte Adressen:
  Dr. ph. Huyskens, bisher in Strafsburg, jetzt Realschullehrer in Münster in Westfalen.
  Dr. ph. Maassen, bisher in Meldorf, jetzt in Soest in Westfalen.
  Fr. Wosmöller, bisher in Berlin, jetzt Gymnasiallehrer in Brilon in Westfalen.
  Pastor W. Hansen, bisher in Northeim, jetzt in Pyrmont.
  G. A. B. Schierenberg, bisher in Meinberg, jetzt in Frankfurt a. M., Leerbacherstrafse 31.
Berichtigung:
  Dr. Lohmeyer, Realschullehrer in Altena.
Durch den Tod hat der Verein verloren das Mitglied:
  Botho Graf Stolberg-Wernigerode.

2. Bericht über die siebente Jahresversammlung des Vereins für niederdeutsche Sprachforschung zu Herford am 16. und 17. September 1881.

Die Versammlungen fanden Statt im Saale des Weinklubs.
Teilnehmer waren die Herren: Superintendent Ameler-Herford, Gymnasialdirektor Dr. Babucke-Bückeburg, Gymnasiallehrer Dr. Berndt-Herford, Stud. phil. Fr. Böckelmann-Herford, Böhmer-Detmold, Landrat Dr. jur. von Borries-Herford, Dr. von Bülow-Wunstorf, Direktor Fr. Burgtorf-Herford, Geh. Regierungsrat von Campe-Bückeburg, Dr. med. C. R. Caspar-Hamburg, Kommerzienrat J. ten Doornkaat-Koolman-Norden, Gymnasiallehrer Droege-Minden, Gymnasiallehrer H. Eickhoff-Gütersloh, Gymnasiallehrer K. Fuhlhage-Minden, Gewecke-Herford, Apotheker W. Grevel-Steele a. Ruhr, H. Hawernick-Bückeburg, Sanitätsrat Dr. H. Hartmann-Lintorf in Hannover, H. Hesterberg-Herford, Gymnasialprof. Dr. Hölscher-Herford, Justizrat Horrmann-Detmold, Janssen-Minden, Gymnasiallehrer Dr. W. Kaiser-Elberfeld, Dr. K. Koppmann-Hamburg, Dr. A. Lübben-Oldenburg, Herm. Menge-Herford, Apotheker Dr. W. H. Mielck-Hamburg, Gymnasiallehrer Dr. Moser-Herford, J. Normann-Kreuznach, Dr. med. Rose-Herford, stud. phil. W. Schack-Dornberg, G. A. B. Schierenberg-Meinberg, Landwirtschaftslehrer Dr. Schloh-Herford, Gymnasiallehrer Dr. Schroeder-Minden, L. Sievers-Herford, Buchdr. Diedrich Soltau-Norden, Stegmann-Detmold, Gymnasialdirektor Thiele-Detmold, Bibl.-Sekretär Dr. Chr. Walther-Hamburg.

Der Vorsitzende eröffnete zur programmmäfsigen Stunde die Versammlung. Nachdem er zunächst den Dank des Vorstandes und des Vereines ausgesprochen für die freundliche Bereitwilligkeit, mit welcher von der Stadt Herford unser Vorhaben, die Jahresversammlung hier abzuhalten, gutgeheifsen worden sei, entwickelte er nochmals die Gründe, aus welchen die Wahl des Vorstandes sich auf Herford gelenkt hätte. Mit unserer Versammlung dem Vereine für hansische Geschichte uns anzuschliefsen, sei in diesem Jahre nicht angängig gewesen, da für die Pfingstversammlung dieses Vereins das entlegene Danzig ausersehen gewesen sei. Um aber mit dem befreundeten Vereine nicht in der Zeit zu konkurriren, hätten wir uns entschliefsen müfsen, unsere Zusammenkunft in den Herbst zu verlegen. Einmal abgesondert vom hansischen Geschichtsvereine mussten wir unser Augenmerk auf eine Gegend und eine Stadt unseres Vereinsgebietes richten, in welche uns die Pfingstversammlung jenes Vereins voraussichtlich in der nächsten Zeit nicht führen würde. Damit wäre der nordöstliche Teil Westfalens gegeben gewesen, die Stadt Herford aber durch das freundliche Hereinrufen auf unser erstes sanftes Anklopfen. Freilich habe man sich sagen müfsen, dafs die Zeit der rheinisch-westfälischen Hauptferien, nach welcher wir uns selbstverständlich hätten richten müfsen, eine allgemeinere Beteiligung an dieser Versammlung unwahrscheinlich mache, da sie weder mit den längeren Sommerferien, noch mit den kürzeren Herbstferien der Schulen anderer Provinzen zusammen treffe. Um so erfreulicher sei es ihm, eine trotzdem so stattliche Versammlung eröffnen zu können.

Herr Dr. Walther, dem der Vorsitzende zunächst das Wort erteilte, sprach über das Gedicht 'de Koker', dessen Sprache und dessen mutmafsliche Herkunft. Ein Auszug aus diesem Vortrage, den uns der Redner unserem Wunsche gemäfs mitgeteilt hat, folgt unten als selbstständiger Aufsatz.

In einer kurzen Diskussion wurde die Gewichtigkeit der vom Redner beigebrachten Gründe für die Echtheit des Koker anerkannt und der Verbleib des Hackmannschen Manuskripts besprochen; wie es scheint, ist die Möglichkeit nicht ausgeschlofsen, dafs dasselbe, wenn auch nicht in der königlichen Bibliothek zu Berlin, so doch in irgend einem königlich preussischen Schlofse gelegentlich wieder auftauchen kann.

Sodann sprach Herr Direktor Dahucke über die Grenzen der mi und mek Sprache, besonders im Wesergebiete.

Die Bedeutung des Gebrauches von mi oder von mek in der ersten Person des persönlichen Pronomens für die Abgrenzung zweier Hauptgruppen der niederdeutschen Dialekte sei zuerst von Seelmann in seiner Einleitung zum Gerhard von Minden hervorgehoben und nachher noch auf der Jahresversammlung des Vereins zu Göttingen von demselben näher erörtert und nach dem erlangten Materiale der Versuch gemacht worden, die Grenzlinie zu ziehen.

Genauer aber habe Seelmann diese Grenze, von Osten ausgehend, nur bis Neuhaldensleben und etwa ins Braunschweigische hinein angegeben. Redner habe es unternommen, den Verlauf der Scheidelinie in ihrem westlichen Teile genauer festzustellen, und könne nun, nachdem er auf seine ausgesandten brieflichen Anfragen aus 64 Ortschaften Antworten empfangen habe, der Versammlung denselben in grösserer Genauigkeit, als bisher bekannt gewesen sei, vordemonstrieren. Der Redner hatte mehrere Karten ausgestellt, auf welchen die Linie und die bestimmenden Ortschaften eingetragen waren.

In ihrem nordwestlichen Verlaufe geht die Linie so weit nach Norden, dafs sie Uelzen noch in das mek-Gebiet einbezieht; sie wendet sich dann südlich und zwar so, dafs das mit Uelzen auf gleicher Breite liegende Soltau mi sagt, südlich, aber von Soltau mek gilt. Die Scheidelinie strebt dann der Weser zu, sie überschreitet dieselbe aber nicht in ungebrochenem Verlaufe, sondern das Gebiet des mi ragt mit einer die beiden Ufer der Weser in sich fafsenden Aussackung in das Gebiet des mek hinein. Diese Einbuchtung reicht bis Oldendorf a. d. Weser, welches jedoch noch mek spricht, während Grofs-Wieden mi sagt. Am Norduſer des Steinhuder Meeres wird mi, am Südufer mi und mek promiscue gesprochen.

Die Sonderung der plattdeutschen Dialekte in mek- und in mi- sprechende und der sonderbare Verlauf der Grenzlinie zwischen den beiden Dialekten habe verschiedene Erklärungen herausgefordert. Redner finde aber in jener Linie — ohne übrigens die Frage zu berühren, welcher Umstand die Scheidung uranfänglich hervorgerufen habe — zum Teil die alten Gaugrenzen wieder. Die Gaueinteilung entspreche im Ganzen den Grenzen alter Völker- schafton, Karl der Grofse habe zu seinen Bistümern stets mehrere Gaue zu- sammengelegt, einzelne Gaue wol kaum zerteilt. Diese auf der Begrenzung alter Gaue beruhende Bistumseinteilung finde sich noch genau in der Kreis- einteilung Maximilians wieder. Bis in die Jetztzeit wirke dieselbe nach; was früher getrennt habe, als: dichte Forste, tiefe Moore, besonders bewaldete Höhenzüge, trenne noch heute, was früher verbunden habe, z. B.: aufser anderem die Hinzugehörigkeit zu gegebenen Verkehrsmittelpunkten, verbinde in entsprechender Weise noch jetzt. Diesem folge auch die Entwickelung des Dialektes. Ein auffallendes Beispiel hierfür gebe jene mi-Einsackung ins mek-Gebiet. Dieselbe gehe ganz genau die Gaue Sturmi und Grindiriga wieder, mit welchen der westfälische Kreis über die Weser weg in den niedersächsischen hineingreife. Absolut zusammen- fallend sei noch heute im Fürstentum Schaumburg-Lippe eine alte Gau- grenze, eine Kreisgrenze Maximilians und die heutige Dialektgrenze zwischen mi und mik, hergestellt durch den bewaldeten Rücken des Bückeberges, welcher die Gaue Dukki, Derve und Merstem trennte.

Der lebhafte Vortrag fand ungeteilte Aufmerksamkeit. Eine Veröffent- lichung des Vortrages im Jahrbuche, welche die Antworten, welche auf ergangene Anfragen zur Zeit noch ausstanden, berücksichtigen würde, wurde allseitig gewünscht und vom Redner zugesichert.

Nachdem die Frühstückspause unter frohen und angeregten Gesprächen ihr Ende gefunden hatte, eröffnete Herr Dr. Lübben die zweite Sitzung mit seinem Vortrage über 'de moderspraken', in welchem er über die Geschichte dieser Wortbildung und über deren Berechtigung auf nieder- deutschem Litteraturgebiete sprach und hieran anknüpfend über die mifs- liche Art und Weise sich ausliefs, in welcher plattdeutsche Dichter nicht allein hochdeutsche Wörter und Wortbildungen, sondern auch hoch- deutsche Satzkonstruktionen und sogar grammatische Formen in ihren Litte- raturdialekt einschwärzten. Von diesem Vortrage folgt weiter unten ein unverkürzter Abdruck.

Darauf erhielt das Wort Herr Professor Dr. Hölscher von Herford. Nachdem derselbe zu erst die fremden Gäste der Versammlung im Namen der Stadt Herford und ihrer Bürger begrüfst hatte, berührte er zu Eingang seines Vortrages die Geschichte der für die kirchliche Entwickelung der Stadt Herford wichtigsten Kirchen und Klöster derselben und besprach ausführlicher die Einführung der Reformation, die hier zuerst in Westfalen

Wurzel fafste und deren Verbreiter in dem nächsten Verhältnis zu Luther, Melanchthon, Bugenhagen standen. Unter diesen nimmt eine hervorragende Stellung ein Johann Dreier, Augustinermönch in Herford, dann erster Prediger an der Münsterkirche, mit dessen Wirksamkeit die Verwandlung des Augustinerklosters in das Gymnasium zusammenhängt. Von der von ihm verfafsten, mit einer Vorrede von Bugenhagen ausgestatteten Kirchen- und Schulordnung für die Stadt, in niederdeutscher Sprache, die schon vor 150 Jahren für verloren galt, ist kürzlich ein einziges Exemplar in der Stadtbibliothek zu Hannover entdeckt worden. Von dieser gab der Vortragende eine ausführliche Inhaltsangabe, einzelne sprachliche Eigentümlichkeiten hervorhebend. Andere Schriften Dreiers waren schon Hamelmann unbekannt. Es existirt aber noch eine zweite Schrift Dreiers aus dem J. 1528, 'ene korte underwysunge von deme heylsamen worde Goddes sampt syner krafl u. s. w.', von Dreier aus Herford an den Rat der Stadt Braunschweig gerichtet. Auch deren Inhalt gab der Vortragende kurz an. Das ebenfalls einzige Exemplar, soviel bis jetzt bekannt ist, befindet sich in der Kirchenbibliothek zu Calbe an der Milbe. Der Vortragende sprach schliefslich die Hoffnung aus, dass sich wohl noch mehr Beweise von der literarischen Wirksamkeit des nicht blos für Herford wichtigen Reformators würden auffinden lafsen.

Während des Vortrags lag der Versammlung das berühmte Herforder Schöffenbuch zur Ansicht vor.

Hierauf folgte der Bericht über die Vereinstätigkeit im verflofsenen Jahre. Der Herr Präses erwähnte zuerst des Mitgliederstandes. Zu Ausgang des Jahres 1879 hätten wir einen Bestand von 436 Mitgliedern gehabt, von denen 399 persönliche und 37 unpersönliche — Bibliotheken und Vereine — gewesen seien. Bei der Jahresversammlung in Hildesheim, Pfingsten 1880, habe die Zahl der Mitglieder auf 420 geschätzt werden können: zu Buche standen damals 439 Namen, von denen jedoch leider mehrere gestrichen werden mussten. Im Laufe des Jahres 1880 habe der Verein 40 Mitglieder, 11 durch den Tod, verloren. Dieser Einbufse stände aber der Eintritt von 29 neuen Mitgliedern gegenüber, so dafs, wenn die Hoffnung auf Zugang in den Gauen der heurigen Jahresversammlung sich erfülle, der Bestand des Vereins sich auf gleicher Höhe erhalten würde. In Hildesheim sei leider der Beitritt neuer Mitglieder hinter der Erwartung zurückgeblieben, da nur zwei Ortseingesefsene beigetreten und ein älteres Mitglied kurz nachher ausgeschieden sei.

Die Mitglieder, deren Tod der Verein zu beklagen habe, seien die folgenden: Dr. W. Mannhardt in Danzig, Dr. Fr. Oetker in Cassel, Bankdirektor L. Strackerjan in Oldenburg, Buchhändler Othmer in Hannover, Lehrer Dr. Otto in Köln, Professor Kappenberg in Münster, Beamter Böcker in Köln, Beamter C. A. von Halen in Hamburg, Kaufmann A. N. Zacharias in Hamburg, Maurermeister N. Teichen in Stralsund. Von dreien dieser Männer gehe der Tod unserm Verein besonders nahe: Mannhardt sei allbekannt gewesen durch seine von ungemessenem Fleifse und Sammeleifer zeugenden Forschungen zur Deutschen Götterkunde, Oetker habe vielfältig Gelegenheit genommen, die Landbevölkerung seiner Weserheimat zu schildern und dieselbe dabei in ihrer niedersächsischen Sprache redend auftreten zu lafsen, Strackerjan verdanken wir zwei geschätzte Sammelwerke: 'Aus dem [oldenburgischen] Kinderleben' und 'Aberglaube und Sage aus dem Herzogtume Oldenburg'. Das Andenken an unsere verstorbenen Mitglieder bleibe unter uns in Ehren!

Dann gieng der Vorsitzende auf die Publikationen ein. Das Jahrbuch pro 1881 sei bereits verteilt, im Korrespondenzblatte sei keine Aenderung eingetreten. Ueber die Denkmäler sei leider nur zu berichten, dafs weder die Reihe derselben sich schon vermehrt habe, noch augenblicklich ein Band im Druck begriffen sei. Dahingegen habe er die Freude, hier in Westfalen berichten zu können, dafs der erste Band einer neuen Series, nämlich der Wörterbücher, im Drucke fast vollendet sei. Derselbe bringe das erste westfälische Wörterbuch auf Grundlage der suderländischen Mundart, an welchem der verstorbene, verdienstvolle Woeste Zeit seines Lebens gearbeitet habe. Es sei dasselbe nicht im druckfertigen Zustande hinterlassen, sondern solcher habe erst durch ihn und Crecelius hergestellt werden müfsen. Hoffentlich finde das Werk, von dem ein Probebogen ausliege, in Westfalen die verdiente Teilnahme, sowohl bei Privatpersonen wie auch bei Vereinen und Anstalten. Der zweite Band dieser Series werde Bauers Waldeck'sches Wörterbuch bringen.

Auf der vorigjährigen Jahresversammlung habe über die reiche Stiftung berichtet werden können, die unser verstorbenes Mitglied, der Rechtsanwalt Karl Bauer, zu Gunsten seines von unserm Verein herauszugebenden Wörterbuches angeordnet habe. Die Gewinnung eines Herausgebers für das hinterlassene Manuskript habe Schwierigkeiten gehabt und sei erst nach einigen fruchtlosen Versuchen geglückt. Die Bedingungen, welche der Verfasser den Verwaltern seiner Stiftung gestellt habe, verpflichteten einerseits den Herausgeber zur Schonung des Hinterlassenen, während sie ihm andererseits auch Verbesserungen nicht nur gestatteten, sondern auferlegten. Es sei daher den Administratoren der Bauerschen Stiftung, die übrigens ihn als Vorsitzenden des Vereins überall hinzugezogen hätten, nicht leicht gewesen, mit einem Herausgeber solche Bedingungen zu vereinbaren, durch welche der Wille des Stifters voll erfüllt und doch die freie Bewegung des Herausgebers möglichst wenig gehemmt würde. Solche Vereinbarung sei im Verlauf des vorigen Sommers mit dem Herrn Dr. H. Collitz in Berlin getroffen worden. Derselbe werde sich bemühen, innerhalb 2 Jahren das Manuskript druckfertig herzustellen. Es sei ein zweimonatlicher Aufenthalt desselben in Waldeckschen vorgesehen worden, um ihm die streng-philologische Revision des Bauerschen Manuskripts zu ermöglichen, und habe Herr Dr. H. Collitz bereits einen Teil der gegenwärtigen Universitätsferien auf das Studium des betreffenden Dialekts an Ort und Stelle verwandt, worüber ein Bericht desselben vorliege.

Zur Konstatirung des Bestandes an alten niederdeutschen Handschriften der Wolfenbütteler Bibliothek habe ein Ungenannter dem Vereine auf der Hildesheimer Versammlung dreihundert Mark geschenkt. Er, der Vorsitzende, habe diese Durchforschung im vorigen Sommer übernommen und die Resultate im neuen Jahrbuche niedergelegt; hervorragendes an bisher unbekannten Sachen sei übrigens doch nicht gefunden. Den Rest der gestifteten Summe hoffe er zu einem Besuche des Burgsteinfurter Archives, von dessen noch unerhobenen Schätzen allerlei Sagen giengen, benutzen zu können.

Der Kassenbericht des Kassirers erläuterte die in voriger Nummer bereits mitgeteilte Rechnungsablage, auf die hier nur verwiesen zu werden braucht. Für die Revision wurden auf Vorschlag des Kassirers zwei in Hamburg wohnende Mitglieder, und zwar die Herren Lukas Grefe und Hermann Brockmann gewählt.

Programmäfsig hätte darauf Herr Dr. H. Collitz über die Herausgabe des Waldeckschen Wörterbuches Bericht erstatten sollen, da jedoch demselben durch die Teilnahme an dem gleichzeitig in Berlin tagenden internationalen Orientalisten-Kongress, für welchen er gleichfalls einen Vortrag zu halten zugesagt hatte, die persönliche Anwesenheit unmöglich geworden war, so hatte er eine Abhandlung über die niederdeutsche Mundart im Fürstentume Waldeck eingesandt, die dem von ihm beabsichtigten Vortrage würde zu Grunde gelegen haben.

Dem Vorsitzenden erschien es jedoch nicht geraten, denselben zur Verlesung zu bringen, da ihm selber die Klangeigentümlichkeiten unbekannt waren. Statt dessen gab er einen Auszug aus den Briefen, welche Herr Dr. Collitz während seines Aufenthaltes in Waldeck eingeschickt hatte.

Dr. Collitz hatte zuerst seinen Aufenthalt in Rhoden bei dem dortigen, aus Benkhausen stammenden, mit dem Dialekte genau von Jugend auf vertrauten Lehrer Bangert genommen und mit demselben, den er als mafsgebend bei der Prüfung des Wörterbuchs betrachten konnte, das Wörterbuch von Anfang an durchgearbeitet.

Als ein erster Teil des Bauerschen Wörterbuchs liefsen sich diejenigen Wörter und Redensarten auffassen, welche aus dem Volksmunde selbst geschöpft seien. Bei diesen komme es vor allem auf genaue lautliche Bezeichnung an. Diese bei Bauer vorzufinden, der keine andern Mittel als die der neuhochdeutschen Orthographie angewandt habe, sei nicht zu erwarten gewesen. Die feineren Eigenheiten des Dialektes seien schwer genug zu bezeichnen und es habe ihm selber oft Mühe gemacht, dieselben graphisch wieder zu geben. Jedenfalls aber gäbe ihm erst der Aufenthalt im Lande und das Anhören der Mundart mit eigenem Ohre die Möglichkeit, den Dialekt grammatisch darzustellen und das Wörterbuch so zu bearbeiten, dafs es für grammatische Zwecke gebraucht werden könne.

Ein zweiter Teil bestehe aus solchen Wörtern, die Bauer der dortigen Mundart zuschreibe, welche aber eigentlich ihr nicht zugehörten. Es seien das erstens verniederdeutschte hochdeutsche Ausdrücke, für welche der Volksdialekt andere gebrauche, zweitens anscheinend volkstümliche Ausdrücke, welche aber in Wirklichkeit nicht volkstümlich seien, und drittens manche juristische termini technici in halb niederdeutschem Gewande, welche nicht im eigentlichen Volke entstanden seien, und von ihm grofsentheils nicht einmal verstanden würden.

Ein dritter Teil endlich bestehe aus Wörtern, welche älteren Urkunden entnommen seien. Die Kontrolle derselben sei deshalb schwierig, weil Bauer wohl das Jahrhundert, dem sie angehören, aber nicht die Quelle, der sie entstammen, angebe.

Was dann aber die Vollständigkeit des von Bauer gesammelten Wortschatzes anlange, so könne er sich nur günstig über das Wörterbuch aussprechen; Bauer scheine in der Tat sein Ziel, den Wortschatz seiner Mundart zu erschöpfen, nahezu erreicht zu haben. Kleine Nachträge an Reimen, Rätseln u. s. w., die sich ihm gelegentlich dargeboten, habe er hinzugefügt, sich besonders aber angelegen sein lafsen, sich über den grammatischen Charakter der Mundart, über ihre Laute und Formen und — soweit dies augieng — über dialektische Differenzen innerhalb des waldeckschen Grenzgebietes zu unterrichten.

Nach einem späteren Berichte habe Dr. Collitz vom 13. bis 22. August eine Wanderung quer durch das Waldecksche Gebiet unternommen. Nach Bauers Meinung werde in der Umgegend von Corbach der Dialekt am reinsten gesprochen, und habe sich derselbe deshalb meistens nach der

Corbacher Aussprache gerichtet. Wirklich gehöre das nördlich von Corbach gelegene Gebiet einer anderen Mundart an, als die südlich von Corbach liegenden Ortschaften; wie man denn z. B. in Corbach und südlich davon faȗt und waȋt, nördlich davon aber foȗt und weit (Fufs, ich weifs) sage; Collitz meine aber die Mundart, welche nördlich von Corbach gesprochen werde, zu Grunde legen zu müſsen, weil eben diese in grammatischer Hinsicht als reiner, d. h. ursprünglicher, zu bezeichnen sei; ein alter Lautunterschied, welchen die südliche schon aufgegeben habe, nämlich der zwischen baȗm (arbor) und foȗt (pes), zwischen aȋ und eȋ, werde von der nördlichen Mundart noch festgehalten. Aufser diesen beiden Mundarten gebe es noch eine dritte, nordöstliche, die z. B. in Rhoden gesprochen wird; Fufs und ich weifs lauten hier fot und ik wat, und überhaupt stehe an grammatischer Deutlichkeit auch diese Mundart hinter der nordwestlichen erheblich zurück.

Mit diesem Berichte war das Programm erschöpft; doch da noch Zeit vorhanden war, so erbat sich Herr Dr. Caspar aus Hamburg das Wort zu einem Vortrage, der im Reimgewande und voll Laune das Thema behandelte: Woher die kleinen Kinder kommen?

Redner kam es darauf an nachzuweisen, dafs ganz berühmte Mythenforscher die Volkstradition getrübt hätten, indem sie die beiden Fragen nebst den dazu gehörigen Antworten: 'wer die Kinder bringe' und 'woher die Kinder geholt würden' durcheinander wirreten. In ergötzlicher Folge reihte er die verschiedenen Antworten, die sich bei verschiedenen Völkern und Stämmen finden, auf Niederdeutsch, Oberdeutsch, Lateinisch, Griechisch, Hebräisch, Französisch, Englisch u. s. w. aneinander, und schlofs mit der Strophe:

    Ja haltet die Aequivocahula nur fest
    Sind sie doch das einzige Mittel,
    Dem Kinde die Wahrheit zu bergen und doch
    Zu brauchen den richtigen Titel! —

Mit einem herzlichen Danke an die Stadt, die uns so freundlich aufgenommen hatte, wie auch an die versammelten Mitglieder für die Teilnahme, mit der sie den Verhandlungen gefolgt waren, schlofs der Vorsitzende die Sitzung zur festgesetzten Stunde.

Einem frohen Mahle, welchem der Landrat des Kreises Herr Doctor juris von Dorries präsidirte, folgte ein gemeinschaftlicher Spaziergang nach dem lieblich gelegenen Garten der Schützengesellschaft.

Der Rest des Tages vergieng den Mitgliedern und Gästen bei Wein und Bier in gemütlichem Geplauder.

Am andern Morgen führte Herr Superintendent Amelor eine kleinere Gesellschaft in die Münster- und in die Johanniskirche, um uns die Sehenswürdigkeiten und altertümlichen Kostbarkeiten derselben zu zeigen. Ein vom mildesten Wetter begünstigter Ausflug über Detmold nach dem Hermannsdenkmale, dem sich Detmolder Freunde anschlofsen und für dessen Leitung Herrn Professor Hölscher der lebhafte Dank der Teilnehmer gebührt, beschlofs in angenehmster Weise die Generalversammlung des Jahres 1881.

II. Mitteilungen aus dem Mitgliederkreise.

1. Aus dem zu Herford gehaltenen Vortrag über 'de modersprake'.

Klaus Groth fängt seinen Quickborn an mit einem Gedicht, das die Ueberschrift trägt: min modersprak. In demselben rühmt er ihre Vorzüge; in der Sache hat er vollkommen recht, aber auch mit dem Ausdruck modersprake?

Das Wort modersprake, oder vielmehr Muttersprache, wird in zweifacher Bedeutung gebracht, die besonders aus dem Gegensatze, in den es beidemal tritt, klar wird. Zuerst heisst Muttersprache diejenige Sprache, der andere Sprachen entstammen, die sie gewissermassen geboren hat; diese heissen die Töchtersprachen. Sodann heisst sie die Sprache, die dem Kinde gleichsam von der Mutter angeboren ist, im Gegensatz zu jeder fremden, später angelernten Sprache. Die erste Bedeutung, die der gelehrten Sphäre angehört, geht uns hier nichts an; wir haben es hier nur mit der zweiten zu thun.

Die Welt der Griechen und Römer kannte diesen Ausdruck nicht; sie drückten den Begriff anders aus, ἡ ἐγχώριος γλῶσσα, ἡ ἰδία γλῶσσα, sermo patrius oder noster u. a. Auch im Mhd. fehlt der Ausdruck; ebenso ist er mir im Mnd. nicht begegnet, das Wort scheint demnach neueren Ursprungs zu sein. Wo findet er sich zuerst? So viel ich habe nachforschen können, sind die Italiener Schöpfer des Wortes Muttersprache. In einer Urkunde*) aus Nord-Italien vom J. 1189, wo die Einweihung einer Kirche berichtet wird, heisst es, dass der Patriarch zuerst eine Predigt gehalten habe 'litteraliter' d. h. im gelehrten Latein, dass sodann der Bischof von Padua diese Predigt für das Volk erläutert habe maternaliter, d. h. in der Muttersprache. Sodann kommt der Ausdruck vor bei Dante, (purgat. 26, 115), wo er den Dichter Arnald Daniel den besten fabbro del parlar materno nennt. Im französischen findet sich in der ersten Hälfte des 16. Jahrh. la langue maternelle. Wann aber in Deutschland?

Bei Weigand lesen wir, dass das Wort 'schon' (wir würden vom Standpunkt unserer Betrachtung aus sagen 'erst') 1556 in dem dictionarium latino germanicum (Zürich) sich vorfinde, und darnach in dem Buche von Maaler „die Teutsch Sprach" (Zürich 1561) wo es (S. 262 a) heisst: vernacula lingua, patrius sermo, landspraach, müterliche spraach' und (S. 295 c) die 'Mutterspraach'. Luther war demnach das Wort unbekannt, der es gewiss gebraucht haben würde, wo er von seiner Sprache redet. Im 17. Jahrh. ist es schon üblich geworden, so findet es sich häufig in der 'ausführlichen Arbeit von der Teutschen Haubt-Sprache' von J. G. Schottelius, (Braunschweig 1663), und jetzt ist es ja ein landläufiges Wort, wenigstens in der gelehrten Büchersprache. Aber auch im Volksmunde?

Ich entsinne mich nicht, es jemals gehört zu haben, und ich bezweifle, dass andere eine widersprechende Erfahrung gemacht haben. Aber die Sache war doch immer da, sie muss also auch schon früher einen Namen gehabt haben. Dieser war entweder landsprake oder gemene sprake oder auch spraicke des ganzen landes oder gemein rede des volkes. Das Compositum 'volkssprake' ist mir im Niederd. weder früher schriftlich noch jetzt mündlich vorgekommen.

Nach dem vorhergehenden ist nun wol anzunehmen, dass Muttersprache, 'modersprake' ein aus dem Italienisch-Lateinischen eingedrungenes Wort ist;

darin bestärkt mich auch das einzige Beispiel, das ich aus dem 15. Jahrh. vorführen kann. In dem bōk der byen (Bienenbuch) findet sich modertale in der Stelle, wo es heisst: Christus sede to er (der Samaritanerin) mit sachter stemme in erre modertale. Nun ist dieses bōk der byen eine etwas niederländisch gefärbte Uebersetzung (wie schon hier aus dem Worte tale, Sprache ersichtlich ist) des lateinischen Buches liber apum des Thomas von Chantimpré. Es wäre mir lieb gewesen, wenn ich das lateinische Original hätte einsehen können; um mich zu vergewissern, wie der lateinische Ausdruck gelautet hätte, ob lingua materna oder maternalis oder lingua vulgaris, vernacula oder sermo patrius. Mutmasslich ist aber modertale nur wörtliche Uebersetzung von lingua materna oder maternalis.

Hat nun Groth Recht gehabt von einer modersprake zu reden? Die Frage lässt sich nicht mit einem einfachen ja oder nein beantworten. Er hat Unrecht, wenn man verlangt, dass der niederdeutsche Dichter nur solche Ausdrücke gebrauchen soll, die wirklich im Volksmunde leben — und modersprake hat einen fremden Ursprung, oder doch einen gelehrten Anstrich und keine volkstümliche Färbung —; Recht dagegen, wenn es ihm erlaubt ist, aus anderen Sprachen und Dialekten Wörter herbeizuholen, die er für seinen Zweck nötig hat. So würde hier in diesem Fall die Wirkung des Liedes gestört, wenn nicht ganz zerstört sein, wenn das Lied statt mit 'min modersprak, wa klingst du schön' anfinge: min landessprak, wa klingst du schön.

Diese Bereicherung des nd. Wortschatzes durch Entlehnung, namentlich aus dem Hochdeutschen, die in manchen Fällen unumgänglich notwendig ist, wird aber in neuerer Zeit von Schriftstellern in nd. Dialekt so übertrieben und so missbraucht, dass nicht bloss einzelne Wörter, sondern auch ganze Phrasen und Redewendungen wörtlich übersetzt sind, allerdings oft richtig nach den Regeln der Lautgesetze, aber unrichtig nach dem Geiste des Dialektes; man kann es sofort hören, man möchte sagen, riechen —, dass der Gedanke hochdeutsch gedacht war und nur buchstäblich ins Nd. übersetzt ist. Oft aber unterbleibt auch die Uebersetzung und ein hochdeutsches Wort wird aufgenommen, selbst da, wo ein nd. vorhanden ist. Wenn es z. B. in einer neulich erschienenen Schrift (Prümer, Westf. Ulenspeigel) heisst: 'so'n westfälschen burenmagen is en unergrundlich gefäsa', 'na Verlauf von 8 dagen', so wundert man sich, dort nicht das übliche Wort vat oder im zweiten Beispiel verlöp oder verloup zu finden. Warum hier hochd. Ausdrücke? Es ist etwas anderes, wenn ich mit dieser Einmischung einen rhetorischen Zweck erreichen will, da ist die Vermengung unter Umständen sogar geboten; aber in schlichter Erzählung des Geschehenen oder in einfacher Darstellung des Lebens der unteren und untersten Schichten des Volkes hochd. Wörter und Wendungen mit einfliessen zu lassen, halte ich für eine literarische Versündigung am Nd. Es ist freilich wahr, dass von Tage zu Tage mehr hochd. Ausdrücke in das Nd. eindringen, aber es sollte meines Erachtens die Aufgabe der nd. Schriftsteller sein, diese Ausdrücke zu meiden und ja nicht ohne die triftigste Ursache zu vermehren. Es ist dies freilich leichter gesagt als gethan. Der Grund liegt ziemlich nahe. Diejenigen nemlich, welche noch nd. denken, und nur nd. denken und sprechen, pflegen nicht zu schreiben, und diejenigen, welche schreiben, denken oft nicht nd., sondern hochd. und übersetzen nur. Wenn es z. B. heisst: 'Dit is eene Erfindung van wietdragender Bedüdung' oder 'he bedeligde sik an de unnerhollung' oder 'he kunn sine satung nich wedder winnen', oder 'sin gesellig und heiter wesen gefult allen' oder 'ik lehrde in em enen unparteiischen Vorgesetzten schätzen', oder 'gef ehr mann ehr in vuller Entrüstung torügg (d. h. antwortete ihr)' oder ähnliches, so merkt man gleich, dass hier eine hochdeutsche Phrase dem Schreibenden in Gedanken vorlag, die buchstäblich freilich richtig wiedergegeben ist, wenn man überhaupt sich einmal die Mühe gegeben hat, sie zu übersetzen, aber nicht den Stempel nd. Ursprunges an sich trägt. Das Nd. ist eben nicht mehr die modersprake derer, die so schreiben, in der vollen Bedeutung des Wortes; sie handhaben sie wie eine fremde Sprache nach äusseren Regeln, die sie mit Bewusstsein mehr oder weniger gewissenhaft beobachten, während die Regeln der Muttersprache und namentlich die stilistischen eine innere Macht sind, die unbewusst schafft und wirkt. So haben z. B. die nd. lübischen Chronikanten in der Blütezeit des nd. Dialectes im 15. Jh. geschrieben zu einer Zeit, wo das Nd. die unbestrittene Herrschaft auf allen Gebieten der Literatur in Norddeutschland hatte; sie schrieben in voller Naivetät, ihnen quoll, sofern sie überhaupt ein schriftstellerisches Talent hatten, ungesucht die Sprache aus Herz und Kopf in die Finger und auf das Papier. Wir dagegen schreiben das Nd. mit Reflexion; wir sind theils durch Geburt, theils durch Erziehung, theils durch die Schule, jedenfalls aber durch unser Schwimmen in der grossen literarischen hochdeutschen Strömung unseres Zeitalters so hochdeutsch inficiert, dass wir entweder unvermerkt oder aus Unfähigkeit oder aus Ratlosigkeit zu ganz oder halbhochdeutschen Ausdrücken greifen: ein Fehler, von dem auch Fr. Reuter und Kl. Groth nicht ganz frei zu sprechen sind. Das ist nun einmal der unabwendbare Gang der Geschichte. So rein nd. zu schreiben wie im 15. Jh. ist fast ein Ding der Unmöglichkeit, und wenn wir es auch könnten, würden wir nicht die nd. Sprache der jetzigen Zeit wiedergeben, die auch selbst da, wo sie sich am reinsten erhalten hat, doch geändert ist. Aber es bleibt doch immer die Aufgabe so rein zu schreiben, wie es unter den gegebenen Umständen möglich ist und es nicht elsternhaft bunt zu machen und mit hochdeutschen Farben zu besprenkeln.

Zum Schlusse will ich noch einer Kleinigkeit gedenken, die aber trotzdem nicht ganz ohne Bedeutung ist, insofern sie ein Zeugnis dafür ablegt, dass neuere Schriftsteller nicht blos mit stilistischen, sondern auch mit grammatischen Regeln es nicht genau nehmen. Die alte Regel ist, dass nach unbestimmtem Artikel oder nach Possessivpronomen das Adjectiv vor einem Substantiv, des sächlichen Geschlechtes ist, unflectiert bleibt; so hiess es stets 'ĕn grōt hūs, ĕn hart wort, min lêf kint, ĕn rōt dak' u. s. w. und so heisst es bis auf den heutigen Tag in Gegenden, die mit dem Hochdeutschen wenig oder gar keine Berührung haben. Nun aber verlangt das jetzige Hochdeutsch die Flexion eines so gesetzten Adjectivs; ich muss sagen: ein grosses Haus, ein hartes Wort, mein liebes Kind, ein rotes Dach u. s. w. Was thun nun neuere nd. Schriftsteller? Weil s (z) nd. in t übergeht (z. B. waz, daz, ez = wat, dat, et), so ändern sie auch die neutrale Endung des Adjectivs ĕn et um und schreiben getrost ĕn grotet hūs, ĕn hardet wort, min levet kint, ĕn rodet dak u. s. w., Formen, die, meiner Meinung nach, Bastardformen sind. Ich will nicht behaupten, dass diese Formen bloss geschrieben werden; sie werden vielleicht auch in einigen Gegenden von der sogenannten gebildeten Classe gesprochen, unecht sind aber diese Formen jedenfalls, die nur in allet (= alles) ein Analogon haben, aber auch nur ein Analogon, kein gleichwertiges Beispiel einer und derselben Regel. Kl. Groth und Fr. Reuter haben diese Formen nicht, sie bleiben entweder der alten Form treu und sagen z. B. ên grôt geschäft, ôn swâr gewitter, ên goltrôt band, ên swart schortfell, ôn grulich wedder, ôn gôt dêl, ên grôt stück, ôn lütt stüwken, ên prachtvull, herlich mâten, oder sie wenden gradezu die hochdeutsche Form an. So sagt z. B. Kl. Groth: ên ganzes jahr, en prächtiges bûrhûs, en gruliges schuspel (?) und Reuter gebraucht sie fa*t immer, z. B. ên frömdes flag, ên grotes bodüden, ên lütte» nütliches mäten, min schönes geld, er niges grönes klet, ên fründliches gesicht, min kostbarstes stück, ên grausames puppenspil, ên tweisnidiges swert, ên swackes wark, ên dusteres lock, das sind Beispiele nur aus den ersten 28 Seiten seiner Erzählung ût mine Festungstît. Diese Weise kann ich freilich nicht sehr billigen, noch weniger rühmen, aber sie ist doch gewissermassen ehrlich zu nennen, während die andere Form -et den Schein der Echtheit an sich trägt, ohne wirklich echt zu sein. Völlig unleidlich wird diese Form, wenn ein Participium eines auf einen D- oder T-laut ausgehenden Verbs adjectivisch mit einem Substantiv verbunden wird. Wie wird dann z. B. 'ein getötetes Schwein, ein ermüdetes Pferd' wieder gegeben werden müssen? ên gedodedet swîn, ên vermodedet pert? Das wären Formen, die schwerlich je über echt nd. Lippen gekommen sind.

Ganz unrichtig und ganz falsch ist es, wenn auch gar die Genetivendung -es in et verwandelt wird. Nach wat, nix z. B. steht der Genetiv in solchen Ausdrücken, wie wat nêes, wat frömdes, nix godes, wie im Lateinischen quid novi, nihil boni; aber ich habe in diesen Tagen doch gelesen wat nêet, wat ähnlichet, nix godet, was Beispiele grammatischer Unwissenheit sind. Denn anders kann ich es nicht nennen.

Schon seit mehr als drei Jahrhunderten ist das Nd. in die Defensive gedrängt und eine Position nach der andern geht verloren durch das übergewaltige Andrängen des hochd. Elementes. Man beugt sich vor dieser geschichtlichen Notwendigkeit, aber es schmerzt doch, wenn solche, die berufen sind oder sich berufen glauben, den Schutz und die Erhaltung des Nd. zu übernehmen, das Gewehr strecken und zum Feinde überlaufen, ohne dass eine wirkliche gangbare Bresche geschossen ist und ohne dass die Mittel der Vertheidigung völlig verbraucht und erschöpft sind.

Oldenburg. A. Lübben.

*) Diese Notiz entnehme ich aus Steinthals gesammelten kleinen Schriften 1, S. 100; wo aber nicht angegeben ist, wo diese Urkunde sich befindet oder zu lesen steht.

2. Der Koker.

Der Koker d. h. Köcher ist ein gnomisches Gedicht in niederdeutscher Sprache. Wie der Verfasser selbst in der Einleitung den Namen erklärt, soll man daraus geistige Geschosse zu Angriff und Abwehr nehmen. Diese Pfeile sind theils alte Sprichwörter, zum grössten Theile aber vom Verfasser herrührende Aussprüche populärer Lebensweisheit. Sie belaufen sich auf mehr als tausend Sprüche von je zwei Versen oder Zeilen. Das Gedicht ist in Reimpaaren; aber der Reim bindet nicht die beiden Verse des Spruches, sondern der erste Vers reimt mit dem zweiten des vorhergehenden Spruches, der zweite mit dem ersten des folgenden. Die so entstehende Kette ist nur dann unterbrochen, wenn ein neuer Abschnitt beginnt. Solcher Abschnitte giebt es, abgerechnet von der Einleitung, ein und zwanzig, deren jeder nach der Reihe mit einem Buchstaben des Alphabetes beginnt, der erste mit Arbeiden, der zweite mit Bladderen, der letzte mit Wultu (willst du). Um den Schluss eines Abschnittes zu markieren, wird der letzte Reim dreimal wiederholt, so dass die letzte Sentenz stets aus vier Zeilen besteht, nur einmal macht ein dreizeiliger Spruch den Schluss, dessen zwei letzte Zeilen ein Reimpaar bilden. Das ganze Werk endet mit drei Versen desselben Reims, welche aber mit der vorhergehenden Zeile zusammen zwei Sprüche ergeben. Aehnlich beginnt jede Abtheilung mit einer dreizeiligen Sentenz, Abtheilung N (Neynerleyewys) ausnahmsweise mit einer einzeiligen.¹)

Da der Dichter um der Einheitlichkeit seines Gedichtes willen auf den Binnenreim des einzelnen Spruches verzichtet hat, so sucht er die beiden Verse theils durch Allitteration zu verbinden, theils durch volksthümliche und knappe Fassung zu sprichwörtlicher Form zu gestalten. Um seinen Stil zu beleben, wendet er manche kleine Kunstgriffe an. Bald giebt er seine Weisheit in einem Ausrufe, in einer Frage oder in Frage und Antwort; bald bedient er sich eines Scherzes oder Wortspieles; bald wendet er volksthümlich kurzen Ausdruck oder laxe Construction an. Nach der Weise des Sprichwortes kleidet er seine Lehre meistens in ein Gleichniss, giebt sie selten nackt. Man darf also nicht am Bilde haften, sondern muss den geistigen Kern suchen, sonst müssen einem manche Sprüche platt und einfältig vorkommen, wie das ganz ebenso beim wirklichen Sprichworte der Fall ist. Bisweilen wird er freilich in der That fade. Im ganzen ist er aber von dieser Schwäche frei, und der Vorwurf der Flachheit ist ihm mit Unrecht gemacht.²) Einen anderen Vorwurf, den der Derbheit und der Neigung, schmutzige (nicht obscoene) Bilder zu wählen, hat er verdient. Doch ist er darin nur ein Kind seiner Zeit.

Wer den Koker verfasst hat, ist unbekannt. Er ist bis jetzt erst einmal herausgegeben worden, von dem Helmstädter Professor Frd. Aug. Hackmann als Anhang zu seiner Ausgabe des Reineke Vos, Wolfenbüttel 1711. Hackmann meint, vielleicht möchte derselbe Dichter beide Gedichte verfasst haben. Wenigstens sei nicht zu leugnen, dass beide um dieselbe Zeit, noch vor der Reformation und in derselben Gegend, im Braunschweigischen, entstanden seien. Diese Behauptungen sind angegriffen worden. Man hat sogar, vor allen Karl Scheller in der Bücherkunde der Sassisch-Niederdeutschen Sprache 1826, ihn der Fälschung geziehen und den Koker für sein Machwerk erklärt. Die neueren Litteraturgeschichten erwähnen höchstens des Gedichtes. Noch 1879 ward es im Leben Hackmann's in der Allgemeinen Deutschen Biographie unentschieden gelassen, ob Hackmann Verfasser oder nur Entdecker und Herausgeber sei. Was Hackmann's Angaben so wenig Glauben beimessen liess, ist offenbar die in seinem späteren Leben hervortretende Charakterlosigkeit gewesen, die sich vornehmlich in einem mehrmaligen Wechsel seines religiösen Bekenntnisses offenbarte. Allein es ist leicht zu erweisen, dass er gar nicht Urheber des Gedichtes gewesen sein kann, dass dieses in der That ein Product aus der Zeit kurz vor der Reformation sein und aus der Braunschweigischen Gegend stammen muss. Man braucht nur Hackmann's in schlechtem, unrichtigem Niederdeutsch geschriebene Vorrede und das dieser angehängte Gedicht in Alexandrinern mit dem Koker zu vergleichen, um sich zu überzeugen, dass Hackmann ganz ausser Stande gewesen wäre, den Koker zu dichten.

Der Koker birgt im Abdrucke eine grosse Menge von Unverständlichkeiten. Die meisten lassen sich einfach als Lesefehler des Herausgebers beseitigen, und zwar sind das solche Fehler, welche einzig ihre Erklärung finden durch die Voraussetzung, dass Hackmann ein mittelalterliches Manuscript vor sich hatte, dessen Abkürzungen er oft falsch auflöste, dessen Buchstaben er nicht immer richtig las, das er häufig missverstand. Nicht selten gewinnt man durch blosse Berichtigung der Hackmannischen Interpunktion einen guten Sinn. Das Mittelniederdeutsche Wörterbuch hat bereits eine Reihe solcher Irrthümer berichtigt, im Vortrage konnte noch eine beträchtliche Anzahl Verbesserungen hinzugefügt werden. Weil Hackmann eine Handschrift und keinen Druck vor sich hatte, hat er sich offenbar auch nicht gescheut oder ist durch Nachlässigkeit dazu gekommen, moderne Drunevicismen und hochdeutsche Formen einzumengen. Ganz anders verfährt er in seinem Abdruck des Reineke Vos, den er nach der von ihm wieder aufgefundenen Lübecker Ausgabe vom Jahre 1498 so lieferte, dass derselbe für den Standpunkt der Wissenschaft im Anfange des 18. Jahrhunderts treu und genau genannt werden muss. Jedoch auch dem Abdruck des Kokers muss, abgesehen von solchen lautlichen Ungenauigkeiten und den Lesefehlern, das Lob erteilt werden, dass keine Aenderungen vorgenommen sind; und gerade die alterthümlichen Flexionen, die schwierigen Constructionen, insbesondere aber die seltenen und selbst sonst unbelegbaren Wörter, an denen der Koker so reich ist, hätten das Gedicht vor Vernachlässigung, den Herausgeber vor der Verunglimpfung des litterarischen Betrugs bewahren sollen. Eine sorgfältige Erwägung solcher bedenklichen Stellen führt regelmässig zu einer Rechtfertigung des Ausdruckes, so dass man glauben darf, dass auch die geringe Zahl noch nicht zu lösender Schwierigkeiten des Textes sich wird beseitigen lassen.

Einen weiteren vollgültigen Beweis für den mittelalterlichen Ursprung des Kokers liefern die Verhältnisse, Zustände und Gegenstände, von denen der Dichter seine Erfahrungssätze abstrahiert. Zunächst thut der Verfasser sich als Katholik kund, und zwar fehlt bei ihm jede Spur eines Gegensatzes zu einem anderen Glauben, so dass man ganz in die Zeit der noch nicht gespaltenen Kirche versetzt wird; z. B. De pawes nicht milder begift, Alse allat unde vorgevinge aller sünde. Olde lüde, pelegrimen unde grote heren, Willen de legen dat is in ürer macht. In dem stoven ein naket monnik, De is einem leyen gelyk. Sehr gerne entlehnt er seine Bilder der öffentlichen Badestube (stove; stover, der Dader; badequeste, die büdde und das büddenroef; die badestene, das stovendor), der mittelalterlichen Rüstung und Kleidung (platenpanzer; platensleger; armborst, pyl und bolte; glevingstake; hoyke, hoykenspan, kogel, hovetgat), dem Turnier (stekelgerude, stekelhelm, stekelsper; borderen = buhurdieren). Der Ausdruck kuntor für Schreibtisch, die hovertüter die man im Felde sieht, die Burg mit Mauern und Gräben, der Falke, der auf die Hand gelockt wird, die trumpe als Saiteninstrument, der Rechtssatz 'eyn de des busses is eyn besytter, de antwordet van der were': alles dieses und manches andere weist ins Mittelalter. Ebenso die litterarischen Anspielungen auf den Nibelungenschatz (im Texte der leffer lungen-schat, von Hackmann garnicht verstanden, wie der Bindestrich beweist), Dietrich von Bern, den Gral, das Roneceval der Rolandssage, endlich den Schwank vom Fund des ersten Voilchens, den das Volksbuch von Neithart Fuchs erzählt.

Von der Hagen (s. Allgemeine Deutsche Biographie 10,298) hat nicht bloss Hackmann's Autorschaft in Abrede gestellt, sondern auch aus dem Gedichte selbst zu erweisen gesucht, dass ein Unbekannter, dessen Heimat aber ohne Zweifel in der Nähe von Jütland gelegen und wahrscheinlich Ditmarschen gewesen, der Verfasser der Sammlung sei, deren Abfassung in das 14. bis 15. Jahrhundert falle; für diese Annahme sprächen Mundart und Ausdruck. Dass das Gedicht jedoch nicht so früh entstanden, erhellt daraus, dass Pulver und Blei, die Zigeuner, der Branntwein dem Verfasser bekannt sind. Wenn unter den blanken Kragen, die nur im Aufange schön glänzen, weisse Leinwand gemeint ist, so würde das Gedicht nicht vor das 16. Jahrhundert zu setzen sein, denn der Brauch der leinenen Kragen und Manschetten ist dem eigentlichen Mittelalter fremd. Für das Ende des 15. oder den Anfang des 16. Jahrhunderts sprechen eine Anzahl Ausdrücke, welche sich damals erst im Niederdeutschen einbürgerten, wie aleyfen, streyfen, kreissen, rasselen, plutoren, zwick, kamerloge, ohrvige, schüslik und vorletten im Sinne von 'verletzen'. Ueberhaupt aber deutet der Charakter des Gedichtes in diese, die Reformation vorbereitende Zeit, so dass Hackmann's Vermuthung nicht anzufechten ist. Ebenso behält er Recht, wenn er den Ursprung des Gedichtes in Braunschweig sucht. Eine ziemliche Zahl von Ausdrücken des Kokers wird man im Mittelniederdeutschen Wörterbuche ausserdem nur aus Quellen belegt finden, die in Braunschweig oder den benachbarten Gegenden zu Hause sind. Von lautlichen Eigenthümlichkeiten sind, da Hackmann klärlich Brunsvicismen eingeschwärzt hat, nur solche zu verwerthen, welche durch den ziemlich genauen Reim gesichert sind, wie: dat use statt dat unse, dütte statt düt oder dit, Comparativ nater statt natter, he lydt (liegt), he leit (legt), he drepo (er träfe), die Doppelformen dregen und dragen, he drecht und he dracht, he wol (er will), slyk (Schlamm) statt slik, he blest (bläst), he melet (mahlt), he greft (gräbt), he spennt (spannt), die Formen ave und ane neben af und an, doffeln (würfeln) statt dobbelen, hoffeln (hobeln), spinnewoff statt spinnewebbe, bücky statt bücking. Vor allem ist aber die Doppelkonsonanz nach kurzem Stammvokale zweisilbiger Wörter ein Kennzeichen der mittleren binnenländischen Dialekte: strütte (Kehle), swöppe (Peitsche), stocken (stecken), hegger (Häher), vorgetten (vergessen), se betten (sie bissen), ghesnedden (geschnitten), begreppen (begriffen).

Man hat gegen Hackmann's Glaubwürdigkeit noch eingewendet, dass sich weder in Helmstädt noch in Wolfenbüttel auch nicht ein einziges Blatt seiner Vorlage habe finden lassen. Die Handschrift wird in seinem eigenen Besitze gewesen sein; vielleicht war es diejenige „vortreffliche und scharfsinnige in Sächsischer Sprache", von welcher er in seinem Programm v. J. 1709 über den Reineke Vos sagt, dass sie in seinem Besitze sei und dass er sie zur Erläuterung des Reineke benutzen wolle. Hackmann hat in seinen letzten Lebensjahren ein solches Wanderleben geführt und ist so oft in Geldnoth gewesen, dass ein Suchen nach dem Manuscript schwierig sein würde. Doch darf man vielleicht eine Spur suchen in der Erzählung Fassmann's (Leben und Thaten des Königs Friderici Wilhelmi Th. I S. 1028), Hackmann habe, als er plötzlich seine Stelle als königlich preussischer Rath und Bibliothekar in Stich gelassen, „dem Könige 100 ℳ mitgenommen, die ihm zur Erkaufung einiger Bücher zugestellt worden. Damit es aber doch etwas heissen möchte, hat er Sr. Majestät ein unnützes und nichtswürdiges Manuscript überschicket, welches kaum derer Abschreibe-Gebühren werth gewesen". So wünschenswerth es wäre, dass sich das Manuscript, etwa in Berlin, wiederfände, so liesse sich doch auch schon nach dem Hackmann'schen Drucke eine Ausgabe veranstalten. Manche Anhaltspunkte würden sich aus den Reimen ergeben, andere aus dem nicht immer gleichmässig modernisierten Hackmann'schen Texte selbst. Gleichzeitige Sprachdenkmäler, wie der Reineke Vos in seiner ersten Ausgabe, die von Hänselmann herausgegebenen Braunschweigischen Chroniken und andere, könnten für eine Regelung der Orthographie als Muster dienen.

Hamburg. C. Walther.

[1]) Im Abdruck Hackmann's (s. weiter unten) ist regelmässig ein Wort jedes Spruches cursiv gedruckt. Da, wie ich beweisen werde, dieser Abdruck auf eine alte Handschrift zurückgeht, wird anzunehmen sein, dass diese Wörter in der Handschrift miniiert gewesen sind, wahrscheinlich um die Uebersicht und etwaiges Aufsuchen zu erleichtern.

3. Wrede stubben (s. V, 94).

a. Die Stümpfe der abgehauenen Ellern (Alnus glutinosa) heissen in Rostock Writen. Herm. Friedr. Becker, Beschreibung der Bäume und Sträuche, welche in Mecklenburg wild wachsen. 2. Aufl. Rostock. 1805. S. 65.   Rostock.   K. E. H. Krause.

b. In der Grafschaft Ranzau existirt das von Herrn Direktor Krause angeführte Wort gleichfalls, nämlich writ, masc., plur. writen oder wriden. Aber nicht ellernstubben heissen hier writ, sondern das ganze Gebüsch, das aus einem stubben emporgewachsen ist. Ich kann auch nicht mit Gewissheit angeben, ob dies die ursprüngliche Bedeutung des Wortes ist. Die einzige ist es nicht. Auch Gebüsche am Aurande werden so genannt, die nicht erlene sind. Und es ist mir vorgekommen, dass ein ganzes, sumpfiges Terrain, auf welchem dichtes Gebüsch seinen Stand hatte, als writ bezeichnet wurde.

In den Idiotiken ist das Wort selten. Ich habe nur folgende Stellen gefunden.

Wtb. der Mecklenburgisch-Vorpommerschen Mundart von Mi, Leipzig 1876, S. 109: Writ, Grasbüschel, verfilztes Wurzelgewebe. Das gleiche gibt an das Wtb. zu Fr. Reuters sämmtlichen Werken von Fr. Frehse, Wismar 1867, S. 93.

I. C. Dähnert, Wtb. n. d. Pommerschen und Rügischen Mda., Stralsund 1781, S. 559: Write. f. Eine Menge Stengel, die aus einer oder mehreren Wurzeln bey einander ausgeschossen sind. Dat lett fikk bi holen Writen utriten. S. auch Mnd. Wtb. V, 782, wo die Bedeutung des Worts in der einzigen, angeführten Stelle als ähnlich der jetzigen in Holstein geltenden angenommen werden muſs.

Ob das Wort wirklich nur in der nördlichen Hälfte des ostelbischen Gebietes vorkömmt?   Hamburg.   W. H. Mielck.

---

4. Gyr?[1])

Der sich vor der östlichen Stadtmauer von Stralsund hinziehende, jetzt gröstentheils schon verschüttete, nächstens ganz verschwindende Stadtgraben, welcher schon seit Jahrhunderten vielfach überbaut ist und bisher zur Aufnahme vieler unsauberer Flüssigkeiten diente, heiſst der Giergraben, schon im 15. Jahrhundert de gyr. Was bedeutet Gier, Gyr? Im Med. Wtb. wird es mit einem ? durch Gilde- oder Gesellschaftshaus erklärt, was für den hiesigen Gier in keiner Weise anwendbar ist. Irgendwo meine ich einmal gelesen zu haben, das Gier oder Jier ein niederdeutsches Wort für Schmutz sei; das würde trefflich passen; aber wie stände es mit der Abstammung des Ausdruckes?

Stralsund.   O. Franke.

[1]) H. Hartmann, Bilder aus Westfalen, Osnabrück 1871, S. 384 Anm. 6: Das Osterfeld bei Ankum ist eine von Osten nach Westen geneigte Hochebene, eine Heldefläche von ungefähr 200 Morgen, auf welcher sich acht sogenannte Hünenringe, Hünebetten, befinden. Der Name ist nicht schwer von althd. chrib, Kreis, Umkreis (griech. γύρος, lat. gyrus, engl. gyre) herzuleiten und bedeutet das Kreisfeld, d. i. das Feld der Kreise oder das von Steinkreisen umgürtete Feld. W. H. M.

---

5. Weike.

In meinem jetzigen Aufenthaltsorte Nienhagen nennt man den Habicht 'Weike'.

Der Volksmund ruft ihm nach:
'Weike, Weike, Stehldeif,
D(e)in Vader is'n Mehldeif,
D(e)in Mutter is'n Pannenflicker,
Lärt deck alle Schelmenstücke!'

Sonst habe ich den Namen nicht gehört. In meinem Geburtsorte Jühnde im Göttingischen wird der Habicht Ilöweke genannt. Der Volksmund widmet ihm dort folgenden Zuruf:

'Ilöweke, Höweke, Stehldeif,
Dien Vader is'n Ponnigdeif,
Diene Mutter ¹sitt up'r Böhnen
Met drui jungen Söhnen.
En'n gift a'en Botterstücke,
En'n gift a'en Käsenstücke,
En'n sleit ad mett der Botterkühlen upp'n opp dat.

Nienhagen b. Moringen.   Heinrich Sohnrey.

¹) S wird bekanntlich im Götting'schen ganz scharf gesprochen = β; ebenso lautet g wie ch.

Kanal.

a. In Holstein und auch in Schleswig (Stadt und Land) sagt man hochdeutsch und plattdeutsch Kanal für Lust, Vergnügen; z. B. Was war das für ein Kanal! Was haben wir für einen Kanal gehabt? Wo kommt dieser Ausdruck sonst noch vor und wie ist die Etymologie?
Hamburg.   O. Rüdiger.

b. Ich vermute, dass dies Wort aus dem unverständlich gewordenen Kaland entstellt worden ist.   W. H. M.

III. Notizen und Anzeigen.

1. Beiträge fürs Jahrbuch sind einem der Mitglieder des Redaktionsausschusses (s. II, 67) einzuschicken.
2. Zusendungen fürs Korrespondenzblatt bitten wir an W. H. Mielck, Hamburg, Dammtorstrasse 27, zu richten.
3. Bemerkungen und Klagen, welche sich auf Versand und Empfang des Korrespondenzblattes beziehen, bittet Ebengenannter direkt der Expedition 'Fr. Culemann' Buchdruckerei in Hannover, Osterstrasse, zu übermachen.
4. Einzelnummern früherer Jahrgänge sind, soweit der Restvorrat an solchen reicht, nur erhältlich durch Henricus Fischer's Buchhandlung in Bremen. Die Nummer von 8 Seiten kostet 25 Pf., die von 16 Seiten 40 Pf., einbegriffen freie Zusendung. Der Betrag kann in Briefmarken der Bestellung beigelegt werden.
5. Für den Verein dankend empfangen:
1) Eenige bijzonderheden aangaande de kleederdracht der Friesinnen, door Johan Winkler (overgedrukt uit de Vrije Fries XV). Vom Herrn Verfasser.
2) Festgabe für Wilhelm Crecelius zur Feier der fünfundzwanzigjährigen Lehrthätigkeit in Elberfeld. Elberfeld 1881. Gedruckt bei Sam. Lucas. Durch Vermittelung des Herrn Prof. W. Gebhard in Elberfeld.
3) Zur Ditmarschenschlacht von 1500. Von Gymnasialdirektor Dr. K. E. H. Krause zu Rostock. Separat-Abzug aus dem XI. Bande der Zeitschrift für Schlesw.-Holstein-Lauenb. Geschichte. Vom Herrn Verfasser.

Die dieser Nummer beiliegende Ankündigung: „Wörterbuch der Westfälischen Mundart von Fr. Woeste" empfehlen wir gefälliger Berücksichtigung.

Für den Inhalt verantwortlich: W. H. Mielck in Hamburg. — Druck von Fr. Culemann in Hannover.

Korrespondenzblatt
des Vereins
für niederdeutsche Sprachforschung.

I. Kundgebungen des Vorstandes.

1. Jahresversammlung.

Die Jahresversammlung unseres Vereins wird nach Beschluss des Vorstandes wiederum im Anschluss an die Versammlung des Vereins für hansische Geschichte am Dinstag und Mittewochen nach Pfingsten und zwar zu Hannover stattfinden.

Diejenigen Mitglieder, welche bereit und gewillt sind, Vorträge zu halten oder Anträge zu stellen, werden gebeten, sich dieserwegen entweder an Herrn Dr. A. Lübben-Oldenburg oder an Herrn Senator F. G. H. Culemann-Hannover zu wenden.

II. Mitteilungen aus dem Mitgliederkreise.

1. Loquela.

Loquela ist der Name einer neuen Monatschrift, die der Erforschung der flämisch-niederdeutschen Sprache im Allgemeinen, der westflämischen Mundart im Besonderen, gewidmet ist. Die heutige westflämische Volkssprache entstammt der alten, schönen und hochgebildeten Schriftsprache der mittelalterlichen Blütezeit Flanderns, als Brügge und Gent die ersten, die vornehmsten und reichsten Handels- und Industrie-Städte des nordwestlichen Europas waren. Sie hat noch fast ganz das alte Gepräge der mittelalterlichen Sprache Flanderns beibehalten und ist überreich an alten, sonst in den niederländischen Mundarten schon ausgestorbenen Wörtern. Auch ist sie unbedingt die schönste und wohlklingendste aller neuen niederländischen Mundarten. Um so belangreicher muss das Studium dieser westflämischen Mundart, deren Gebiet sich auch auf die äuserste nordwestliche Ecke Frankreichs, auf die Gegend von Dünkirch, Hasebroek, Ryssel und St. Omars (französisch Lille und St.-Omer) erstreckt, dem niederdeutschen Sprachforscher sein. In den sechs, seit Mai 1881 erschienenen, je 8 Seiten umfassenden Blättern Loquelas sind denn auch schon viele interessante Sachen erörtert worden. Nach dem Muster der holländischen Zeitschrift De Navorscher und unseres Korrespondenzblattes ist in Loquela Gelegenheit gegeben, einschlagende Anfragen zu stellen und die gegebenen Antworten zu veröffentlichen.

Die Redaction ist in den besten Händen, nämlich der Herren Guido Gezelle, des bekannten westflämischen Sprachforschers und Dichters, L. L. de Bo, des gelehrten Verfassers des Westvlaamschen Idioticon, Dr. Karel de Gheldere van Hondtswalle und Prof. Dr. Gustaf Verriest.

Loquela erscheint monatlich im Verlag von Jul. de Meester, zu Rousselaere,¹ (französische Roulers) Provinz West-Flandern, Belgien und kostet jährlich nur 2½ Frank. Die Adresse der Redaction ist: Loquela, In de Handboogstrate 19, zu Kortryk (französisch Courtray), West-Flandern, Belgien. Den Mitgliedern unseres Vereins sei Loquela bestens empfohlen.
Haarlem. Johan Winkler.

¹) Nach dem Evangelium St. Matthaei, XXVI, 78: Loquela tua manifestum te facit.

2. Grenzen westfälischer Mundarten.

Korrespondenzblatt V, 2 ist der Nachweis versucht, dass der eigentümliche Dialekt des Vriezenveens bei Almelo seinem Grundkarakter nach westfälisch sei. Dabei bin ich von der Voraussetzung ausgegangen, dass die umliegenden Teile von Twenthe die Laute teils der übrigen eigentlich niederländischen Mundarten, teils die besonders gearteten der Gegend von Oldenzaal, Enschede und Ootmarsum aufzeigten. Ich sehe jetzt jedoch aus einer Abhandlung von J. H. Behrns „Over de Twentsche Vocalen en Klankwijzigingen" (Lautveränderungen), dass das Landvolk in ganz Twenthe westfälische Mundart hat, oder doch gehabt hat.

Behrns sagt §. 7, s. 18 bei Behandlung des kurzen Twentheschen è, welches = holl. e in 'woek' (die Woche) und 'nemen' (nehmen), also = niedersächsisch ö und ë, westfälisch ie, iä ist:

'Niet overal in Twenthe wordt de oorspronkelijke e kort uitgesproken. Het beste geschiedt dit in Oldenzaal, Enschede en Ootmarsum. Elders hoort men wel eens den langen klank; b. v. in neegen, tieeegen enz. Deze verlenging of rekking der e hebbe men echter voor niets anders te houden, dan voor eene meer doffe, als ik het zoo noemen mag, beschaafde uitspraak der ie, welke de boeren door gebeel Twenthe voor de korte e bezigen. Zoo hoort men op het land: gieven, niegen, biege enz., by de burgers in eenige dorpen en steden: geeven, neegen, heege, en elders, zoo als gezegd is: gev-en, neg-en, heg-e. En deze ie is wederom eene wijziging der oorspronkelijke i, welke men in de oudste Duitsche (Gothische) woordvormen ontmoet, als: lîban, gîbaʼ.

Und §. 23, s. 53 bei Besprechung des Twentheschen Lautes uo (= holl. ö in nemen, schotel, westf. ue, uo üö]: Ue is een klank, welken men op het platte land in Twenthe hoort, gewoonlijk voor de korte ö of eu b. v. duegde, unnuezel: onnôzel, wuener: bowoner, sluetel: sleutel, tuegel: teugel, enuemen nomen. De uitspraak van deze uc is zoo zuiver, dat men beide letters u en e onderscheidenlijk hoort: u-e of uë, b. v. tuegel, als tu-egel of tuëgel.

Grade diese geschliffenen (Behrns sagt beschaafde) Laute ie, iä und ua, uo, üö (= nds. und holl. ö und ö, auch eu im holländischen) sind aber die sicheren Kennzeichen westfälischer Mundart.

Was demnach die Mundart des Vriezenveens vornehmlich von der benachbarter Südlte und Dörfer unterscheidet, das ia und ua [= holl. è und ö) ist ursprünglich in ganz Twenthe heimisch.

Jene niederländische Grenzgegend von Oldenzaal und Enschede gehört nach ihrer Mundart eng zusammen mit einem schmalen westfälischen Grenzstriche, welcher nördlich von Haltern beginnend, sich über die Gegend westlich von Coesfeld nach Ahaus, Gronau und Rheine erstreckt. Charakteristisch ist das kurze e und ö in wekke, wocha, bedroggen, betrogen.

Wir können, soweit unsere jetzige geringe Kunde reicht, im Lande zwischen der Overyssel und der Oberweser (bis Minden) drei wirkliche Volksdialekte unterscheiden.

I. Zuerst die Mundart in dem Striche Coesfeld — Ahaus — Oetmarsum Rheine. Es scheint als ob der zum deutschen Reiche gehörige Teil dieses mundartlichen Gebietes fast ganz im alten pagus Hamaland Saxonicus läge. Dieselbe hat kurzes e und o = mnd. ê und ô(â): wekke, die Woche und vlotten, geflossen.

II. Die engrisch-westfälische Mundart. Im Osten wird ihre Grenze ungefähr durch die Linie Sachsenhagen in Lippe-Schaumburg, Stadthagen, Hessisch Oldendorf, Pyrmont, Höxter, Beverungen, Warburg, Brilon, Medebach, im Süden durch die Linie Medebach, Winterberg, Fredeburg, Attendorn, Lüdenscheid, gebildet. Im Westen läuft die Grenze von Limburg a. Lenne über Schwerte, Unna, Hamm östlich, Lippstadt, Dolbrück, Verl östlich, Bielefeld nördlich, Halle, Versmold östlich, Riemsloh bei Melle bis Rödinghausen im Kreise Herford. Im Norden liegen die Städte Lübbeke und Minden, sowie das Steinhuder Meer bereits ausserhalb ihres Kreises. Diese Mundart hat ie = mnd. ê (wicke · Woche) ua, oa = mnd. ô, â (ûaten, geflossen), iu und als Umlaut dazu uü = mnd. û (hius, muttse), ui, éi, yi = mnd. î (stuigen, stéigen = steigen). Einen Unterdialekt bildet der grösste Teil der Grafschaft Ravensberg, der beiden Fürstenthümer Lippe und Teile des Paderborner Landes, indem sie das alte ô, welches sonst in Westfalen in au überzugehen liebt, als eo, êu bewahren (hook · Buch, greof · grub). Vgl. über diese Mundart insbesondere meine Ravensbergische Grammatik §. 2, 3, 43, 44, 56 bis 74. Es ist zu vermuten, dass die West- und Südgrenze dieser engrischen oder ostwestfälischen Mundart ganz zusammenfällt mit der West- und Südgrenze der alten Angaria. Spruner's Historischer Handatlas Karte Nr. 33 zieht zwar die westlichsten und südlichen Teile ihres Gebietes zur alten Westfalia. Man vergleiche jedoch, was die Westgrenze angeht, die Urkunden bei Erhard, Regesten II, Cod. diplom. 496, bei Kindlinger III, no 31 und bei Preuss 'Lippische Regesten I, 114. 'Intra terminos Angarie et Westfalie' heisst doch 'an den Grenzen von Engern und Westfalen'.

Was den südwestlichen Teil im Regierungsbezirk Arnsberg angeht, so hat J. Bender im 19. Bande der Zeitschrift für westfälische Geschichte s. 1 ff. nachgewiesen, dass das kölnische Sauerland grösstenteils zu Engern gehörte.

III. Die eigentlich westfälische Mundart wird gegen Osten von der engrischen Mundart begrenzt. Gegen Südwesten endet ihr Gebiet mit einer Linie von Attendorn über Schwelm nach Essen gezogen. Die Westgrenze bildet etwa die Linie Recklinghausen, Haltern — Coesfeld — Burgsteinfurt — Rheine. Gegen Norden scheidet eine Linie von Stadthagen in Lippe-Schaumburg westlich über Petershagen, Rahden, Lemförde nach Vreden gezogen Westfalen sprachlich von Niedersachsen. Aus der Gegend von Bentheim und Lingen stehen keine sicheren Sprachproben zu Gebote. Zu vermuten ist, dass die westfälische Sprachgrenze zwischen Lingen und Meppen durch auf die Nordgrenze von Twenthe zu weiter läuft. Kennzeichen dieser westfälischen Mundart ist Uebereinstimmung mit der ostwestfälischen in den geschliffenen Lauten (Brechungen) und in den meisten andern Vokalen, sowie in den Konsonanten, aber lange seinfaches û und î [= altem û und î] für ostwestfälisches iu und ui, yi.

Kiel. H. Jellinghaus.

3. Zur mnd. Seelenklage.

a. Die Bemerkungen, welche R. Sprenger im letzten Jahrbuche S. 130 ff. zu der mnd. Seelenklage (Visio Philiberti) veröffentlicht hat, sind sicherlich niedergeschrieben, ohne dass der Verfasser die lateinische Quelle des nd. Dichters und gewisse Nachschlagewerke, welche sich in Privat- oder Schulbibliotheken nicht zu finden pflegen, hat einsehen können. Andernfalls hätte er sich von der Unhaltbarkeit seiner Vermutungen, so verführerisch sie ihm auch erschienen, selbst überzeugen müssen.

v. 21 soll lame aus dem lateinischen entlehnt und = lama 'Sumpf, Pfütze' sein. Sprenger hat offenbar, ohne Argwohn dass im Mittelalter viele lateinische wörter anders als heute erklärt worden, sich aus Du Cange-Henschel, Dieffenbach u. a. Glossaren nicht vergewissert, ob das Wort im 14. oder 15. Jahrh. in der vorausgesetzten Bedeutung 'Sumpf' gebraucht ist. In dieser kennt es aber erst Dasypodius, alle älteren Glossare erklären es als Bruch (als Einbruch, Schlund in einem Wege, im Eise u. s. w. oder als ein abgebrochenes Stück Metall). Als 'Sumpf' erklärt es keins der zahlreichen alten Glossare, die lateinische Quelle bietet es nicht, ausser in Glossaren scheint es in der lateinischen Litteratur Deutschlands überhaupt nicht vorzukommen, es ist also die Annahme eines Fremdwortes lame = Sumpf für das mnd. gedicht — für das 16. Jahrh. hätte sie nichts auffallendes — ausgeschlossen.

v. 104 bietet die Handschrift beddest. Sprenger vermutet, es sei heddest zu lesen. Das kann aber — wegen des Adverbiums werde — nicht richtig sein, es müsste wert stehen. Das von mir vermutete reddest bietet eine neu aufgefundene Handschrift, über welche das nächste Jahrbuch ausführlichere Mitteilungen bringen wird.

a. 129 bietet die eine Hs. nine, die andere nene. Warum nun neine hier zu lesen sei, ist mir nicht klar geworden. Aus der Combination von nine und nene kann es doch nicht gewonnen sein, denn nach dieser Methode würde ein Historiker, wenn von zwei Berichten der eine den 21. Februar, der andere den 28. Februar als Datum bietet, für das richtige den 29. Februar halten.

v. 164 soll 'spegelglas', dat vor dinen ougen was' den hellen Glanz der Augen oder Schauspiel, Lustbarkeit bedeuten. spegelglas ist einfach 'brillo' zu übersetzen, denn spegel wurde dieselbe, als sie anfieng häufiger zu werden, hin und wieder genannt und vielfach ihr Gebrauch als Hoffahrt aufgefasst. Vgl. Lexer s. v.

v. 173 soll ecorn nicht richtig sein können, weil das Fleisch des Eichhörnchens wohl kaum je gegessen, vielweniger zu guter Kost gerechnet sei. Sollte diese Annahme nicht aus der Luft gegriffen sein? Ich finde wenigstens eine ähnliche Behauptung in keinem der jetzt gebräuchlichen naturwissenschaftlichen Werke. Im Gegenteil wird versichert, dass das Fleisch geniessbar und sogar sehr wohlschmeckend sei. Vgl. Brehm Säugethiere Bd. 2 (1877), S. 278 'Das weisse zarte wohlschmeckende Fleisch wird von Sachkennern überall gern gegessen'. Dictionnaire classique d'hist. nat. (1824) 6, 69. La chair est bonne à manger. Wir haben also nicht nötig, mit dem niederdeutschen erst im siebenten Grade verwandte Sprachen wie die keltischen dialekte und nichts beweisende sekundäre worthildungen oberdeutscher Dialekte zu vergleichen, um so weniger, als die unmögliche Gleichung, welche für horn die Bedeutung Hirsch erweisen soll, nur einem Schreibfehler sein Dasein verdankt, der Sprenger, als er Curtius Grundzüge excerpirte, begegnet ist.

v. 360 'enem enen bréf senden' heisst durchaus nicht, einem die

Leviten lesen, sondern 'einem eine Nachricht oder Versicherung geben'. Vgl. Gespräch zwischen Leben und Tod v. 63. Der dod sendet ja neynen breff Men he kummet slikende als ein deff. Wolf. Es. 92, 29 Diasen eid ich van uch beiden Nemen wil und uch vorscheiden Und uch des geven mine breve. Ebd. 113, 25.

v. 391 bredon hat in der ersten Silbe tonlangen Vokal, mit gehebben würde es also keinen anstössigen, sondern überhaupt keinen Reim bilden können. Vgl. auch Jahrb. 6, 66 Zeile 10 und 16 v. u.

v. 512 liegt entweder eine Lücke oder eine Interpolation vor, wie die Reime und der Zusammenhang zeigen.

v. 527 Ist der Vers nicht so zu übersetzen: 'Keinor wird uns mehr trennon'?

v. 699 dumpen vgl. mnd. Wörterbuch s. v. dampen.

v. 722 Sprenger nimmt daran Anstoss, dass in den Schlussversen der Schreiber — denn ihm gehören dieselben — erst um das Reich [die Hs. bietet ruke oder riike], dann um ein dogbentsalich levent bittet. Seine hiergegen vorgebrachten Gründe würden auch gegen die Reihenfolge der sieben Ditten des Vaterunser sprechen, in denen doch auch erst um das Reich, dann erst (in der sechsten Bitte) um ein tugendhaftes Leben gebeten wird. Es ist sogar nicht ausgeschlossen, dass dem Schreiber diese Bitten vorgeschwebt haben. Andererseits kann freilich die Möglichkeit, dass rake vielleicht zu lesen sei, nicht in Abrede gestellt werden, trotzdem der Nominativ ungewöhnlich genug ist.

Was schliesslich die an v. 33 ff. angeknüpfte weitläufige Auseinandersetzung betrifft, so hat noch niemand in Zweifel gezogen, was der Ausdruck zwischen Rhein und Meer bedeutet, der lat. Text sagt es ja auch unzweideutig genug, vgl. 47 omnes linguae saeculi etc. Auf die Bedeutung kam es aber auch gar nicht an, sondern darauf, dass überhaupt 'twischen Ryn unde mere' formelhaft gebraucht ist. Diese den mhd. Dichtern geläufige Formel findet sich meines Wissens sonst in mnd. Dichtungen nicht. Wie kommt der Dichter der Seelenklage dazu, sie zu gebrauchen? Es sind zwei Fälle möglich. Entweder hat er sie selbst erfunden, und in diesem Falle muss er doch nicht allzufern vom Rhein seine Heimat gehabt haben. Oder er hat sie dem Verkehr mit Hochdeutschen, bezw. einer mhd. oder md. Vorlage entlehnt. In jedem Falle haben wir also einen Hinweis auf das Hochdeutsche, sei er nun lokal oder litterarisch aufzufassen. Was das richtige sei, ergiebt sich erst aus der Vergleichung mit den Reimen und den Idiotismen der Dichtung.

Berlin, 21./12. 1881. W. Seelmann.

b. Herr R. Sprenger glaubt jetzt doch, dass man Eichhörnchen als Leckerbissen geschmaust habe, giebt also der Lesart 'de hasen unde ecorn' nachträglich den Vorzug. Vielleicht ist 'den horn' = 'de enhorn', also die Einhörner, die seltenen Bestien, die der mittelalterlichen Zoologie so viel zu schaffen machten. Doch ich will in diese Untersuchung lieber nicht eintreten und nur bemerken, dass, was K. B. VI, 50 aus dem Urkundenbuche von Klosterneuburg beigebracht ist, dass nämlich auf der Speisekarte der Mönche asperioli figurirten, jedenfalls nicht berechtigt, an 'Katteker', um nd. zu reden, zu denken, denn die 'asperioli' werden wol Spargel gewesen sein, ital. asparagi [aspergioli = asperioli?]

Rom. Franz Sandvoss.

4. Dakule (s. VI, 56).

a. Meine for längerer zeit eingesante anfrage bezüglich des ersten teiles dises wortes hätte ich bei genauerer Nachforschung selbst müssen beantworten können. Da- ist das Gotische thahō, Ahd. dâhâ, Mhd. dâhe und bedeutet ton, lem. Op das wort sonst in den Niderdeutschen mundarten forkommt weis ich nicht, rükwärts über das Gotische hinaus schoint es nicht ferfolgt werden zu können. Für di angegebene Rinteler örtlichkeit erklärt sich der name ser einfach: es wirt dort noch jezt, oder wurde wenigstens noch for 10 bis 15 jaren, ton ausgegraben.

Kassel.   Eduard Lohmeyer.

b. Hier in Mecklenburg habe ich als seltenes Wort dakule und da-erde gefunden. Es kann nur lehmkule und lehm (lehmerde) bedeuten.

Rostock.   K. E. H. Krause.

c. Zu Dâkûle wäre der Ort Dahausen bei Osnabrück und die Dada, ein Flüsschen im Niederstift Münster zu vergleichen. Die Bedeutung dieses Flussnamens wird vielleicht an Ort und Stelle noch bekannt sein.

Kiel.   H. Jellinghaus.

d. Dakule. Mir ist eine sehr versteckte Waldschlucht im Osnabrückschen bekannt, in einer Gegend, welche wahrscheinlich kleinere Kämpfe mit den Römern und auch zwischen Wittekind und Carl erlebt hat; diese Schlucht oder auch 'Kuhle' nennt das Volk dort die Daënkuhle und erklärt es als Todtenkuhle, in welche ehedem gefallene Kämpfer geworfen seien; auch habe man dort noch vereinzelt Knochenüberreste und Waffentheile gefunden. Ich bin gern bereit, noch Näheres darüber mitzutheilen.

Pyrmont.   W. Hansen.

5. hund als Ackermass im Magdeburgischen.

Jahrbuch III, 108 wird als wahrscheinlich ausgesprochen, dass die Hunde-korn-Abgabe nur in Gegenden vorkomme, für welche der Gebrauch des Ackermasses Hunt (wofür mundartlich auch Hot gesagt werden kann) nicht nachzuweisen ist. Für das Magdeburgische, 'wo schon 1211 der Abgabe eines huntkornes gedacht wird', ist eine Ausnahme von jener Regel anzunehmen. In dem von dem Magdeburger Gabriel Rollenhagen gedichteten, in Magdeburg 1609, 1610, 1612, u. ö. gedruckten und aufgeführten Lustspiele Amantes amontes heisst es, vgl. Gaedertz, Gabr. Rollenhagen S. 67.

       Aleke.
   Wenn wy nu hebben koste gehat,
   wormit wille wel uack termeeren?
       Hans.
   Aleke dat sole gby balde horen.
   Eck hebbe einen heilen hoet vul buchts,
   (ad spectatores Ein fingerhoet meen eck, sus nichtes),
   Ein winberg de dregt alle jahr
   Seven voder, dat segge eck vorwar.
   (Steine mein eck.) Eck spise alle tage
   Tein richte in dem selber lage.
   (Twey hering crutswise gelegt,
   dat sint teine, verstat mich recht.)

Aleke frägt also ihren Brütigam, womit er sie, wenn sie Hochzeit gehabt haben, ernähren werde. Dieser antwortet doppelsinnig, indem Aleke seine Antworten ganz anders auffassen muss, als er sie selbst mit reservatio mentalis deutet. Er sagt, er habe einen heilen hôt voll

buchte, und meint damit einen Fingerhut voll kleiner Vertiefungen. Aleke versteht, er besitze ein ganzes Ackerstück, einen *hôt* = *hunt*, mit Viehgelassen. Dass Rollenhagen diese witzige Zweideutigkeit von hôt benutzt hat, setzt voraus, dass sie in Magdeburg allgemein verständlich war.
Berlin. Wilh. Seelmann.

6. Hinterpommerisches Klewánne?

Was bedeutet Klewánne? Klewanne wird gern von den Hüteknaben gespielt. Haben sie einen Platz gefunden, auf dem sich der Rasen leicht schneiden lässt, so setzen sie sich zum Spiel. Mit einem Taschenmesser wird geworfen, so dass es sich in der Luft herumdreht; bleibt es mit der Spitze im Rasen stecken, so zählt das hundert; die eine breite Seite zählt achtzig, die andere fünfzig; fällt das Messer auf den Rücken, so dass die Scheide nach oben kommt, so gilt der Wurf nicht (dat brinnt). Es wird abwechselnd geworfen. Wer fünfzig wirft, darf nicht schneiden, wer achtzig, nur eine kleine Frose; wer hundert wirft, schneidet so lange, als er, ohne Atem zu holen, Klewanne sagen kann. Holt er aber Atem, so darf er nicht weiter schneiden, muss vielmehr das losgeschnittene Stück liegen lassen. Sind die Spielenden des Spiels überdrüssig, dann werden die ausgeschnittenen Stellen zugemacht. Wer mehr Frosen hat, als er gebraucht, bespuckt die überflüssigen Stücke und wirft sie fort, um sie von seinem Kameraden aufsuchen zu lassen.

Der Ausdruck 'brennen' wird auch bei dem Sauballschlagen (kûsseg d. h. Kugelsau) gebraucht. Will jemand seinen Platz verlassen, so muss er seinen Treibstock (de tripp) über seinen Kessel legen und rufen: Mie loch brinnt. Er darf dann nicht ûtslippt oder ûtpangt werden.
Bromberg. O. Knoop.

7. parduck. (a. II, 37).

In Meyns Schl.-Holst. Kalender für 1882 S. 71—72 schildert Emil Pörksen ein Kinderspiel: Kater Lux oder Fiefsteen. Man hat fünf glatte Steine, einen in der Hand, die andern neben sich; nun wirft man den einen in die Höhe, nimmt schnell einen zweiten und fängt den ersten dazu, wirft denselben wieder in die Höhe, nimmt schnell den dritten u. s. w., bis man alle fünf in der Hand hat; darauf legt man, während der eine Stein in der Luft schwebt, den zweiten wieder hin u. s. w., bis wieder alle vier an der Erde liegen; dann hat man alle vier auf einmal zu fassen und den fünften hinzuzufangen; endlich werden alle fünf aufgeworfen und müssen mit der 'Wristseite' der Hand wieder gefangen werden. Wer etwas verkehrt macht, muss von vorn anfangen.

Pörksen meint, dieses schon zu seiner Schulzeit nach und nach ausser Uebung gekommene Spiel werde den Kindern jetzt wohl kaum dem Namen nach bekannt sein. Auch in Hamburg ist dasselbe in Abgang gekommen, vor etwa 30 Jahren wurde es oft gespielt. Wir nannten es Poduck oder Pa(r)duck, welcher Name wohl zum Kater Lux umgemodelt ist.
Barmbeck bei Hamburg. H. Koppmann.

b. Das von Handelmann in seinem (I, 67) angeführten Werke erwähnte Steinspiel ist auch in Stade als Poduck bekannt.
Rostock. K. E. H. Krause.

8. Von Pferden.

Jahrgang I, S. 38 habe ich aus einer Rechnung v. J. 1345 die verschiedenen Bezeichnungen der Kühe zusammengestellt. Als Seitenstück dazu lasse ich hier die Bezeichnungen von Pferden folgen, die ich aus Rechnungen von 1343 und 1344 notirt habe. Die angefügten Seitenzahlen beziehen sich auf die Quelle, Hamaker, De Rekeningen der Grafelijkheid van Holland onder het Henegouwsche Huis, Derde Deel (Werken uitgegeven von het Historisch Genootschap, gevestigd te Utrecht, Nieuwe Serie Nr. 26, Utrecht 1878).

wit paerd 102.
swart paerd 79.
grauw paerd 79.
grijs paerd 131.
vael paerd 78.
bruun paerd 115.
roet paerd 111.
zwart grijs paerd 132.
bruun roet paerd 337.
bont paerd 117.
bay paerd 115.
bruun bay paerd 131.
liaerde paerd 113.
honghers paerd 114.
roet paerd mot eenre sterre 128.
bruun paerd met eenre sterre 127.
zwart blespaerd 142.
bay blespaerd 139.
paerd ghesslipnoset 109.
paerd met ghesslipten nesen 104.
roet paerd scoerline 133.
bay scoerline paerd 132.
roet paerd mot ghescoren manen 162.
Hamburg.

graeu coursier 133.
bay coursier 142.
teldende paerd 92.
wit teldende paerd 78.
swart teldende paerd 110.
grauw teldende paerd 79.
vael teldende paerd 110.
bruun teldende paerd 110.
bay teldende paerd 113.
swart dravende paerd 114.
graeu dravende paerd 114.
roet dravende paerd 114.
roet paerd telt ende draeft 114.
heynxt 95.
lyaertsche henxt 133.
hongheresche heinxt 349.
ghelubbet paerd 128.
van eenen blinden paerde, dat mijns heren barnas paert te draghen 78.
paerd met eenen oghe 166.
paerd, dat mijn heer selve cofte ende dat prent hadde 109.

K. Koppmann.

III. Notizen und Anzeigen.

1. Beiträge fürs Jahrbuch sind einem der Mitglieder des Redaktionsausschusses (s. II, 67) einzuschicken.

2. Zusendungen fürs Korrespondenzblatt bitten wir an W. H. Mielck, Hamburg, Dammtorstraße 17, zu richten.

3. Bemerkungen und Klagen, welche sich auf Versand und Empfang des Korrespondenzblattes beziehen, bittet Ebengenannter direkt der Expedition 'Fr. Culemann' Buchdruckerei in Hannover, Osterstraße' zu übermachen.

4. Einzelnummern früherer Jahrgänge sind, soweit der Restvorrat an solchen reicht, nur erhältlich durch Henricus Flscher's Buchhandlung in Bremen. Die Nummer von 8 Seiten kostet 26 Pf., die von 16 Seiten 40 Pf., einbegriffen freie Zusendung. Der Betrag kann in Briefmarken der Bestellung beigelegt werden.

Die Leser seien hierdurch aufmerksam gemacht auf den dieser Nummer beiliegenden Prospect zum ostpreussischen Wörterbuch unseres Mitgliedes H. Frischbier in Königsberg. Dasselbe war früher dem Vorstande zur Veröffentlichung durch den Verein angeboten worden. Der Vorstand des Vereins für niederdeutsche Sprachforschung konnte zu seinem Bedauern das Angebot nicht annehmen, da der Hauptstock der Wörter aus hochdeutschen, bezw. hochdeutsch gewordenen Wörtern besteht.

Wir empfehlen das Werk allen Mitgliedern aufs wärmste.

Für den Inhalt verantwortlich: W. H. Mielck in Hamburg. — Druck von Fr. Culemann in Hannover.

Korrespondenzblatt
des Vereins
für niederdeutsche Sprachforschung.

I. Mitteilungen aus dem Mitgliederkreise.

1. Beiträge zur niederdeutschen Kinderliederkunde.

1) Zur Kenntnis der Martinslieder.

a. Im Oſtfrieſiſchen Monatsblatt, herausgegeben von A. E. Zwitzers (Emden 1879) s. 20, ist ein Martinslied mitgeteilt, welches manches eigentümliche enthält. Es lautet:

```
 1   Sünder Martens Vügel,
     Kip-Kap-Kögel
     Wull so wit Regen
     Al över den Rien:
 5   Hei ji Sünder Martens Vögel nich sien!
     Sünder Martens Göse
     Sünt ook al to böse,
     Bieten de olde Wiefe
     De Titten van den Life.
10   Braden se up en Röster,
     Smekken as en Köster.
     Dar flogen twe Rubinkes na't Papenhus to
     Dat Papenhus wer der veralaten.
     De Himmel stund sperwit apen.
15   As Josepf¹ ut de Schole kuam
     He hadd'r geen Bolter,
     He hadd'r geen Brod,
     He lee sien Kopp in Maree hör Schot.
     Maree de hadd'r een Görrel an,
20   Dar hungen wol dusend Klökskes an,
     De Klökskes fungen an to pingeln,
     Leeve Engelkes fungen an to singen:
     „Van hier an, van dar an,
     Baven wahnt de rike Mann,
25   Rike Mann to Perde,
     Unse leeve Heere
     De lett wassen
     God Korn und god Flassen,
     God Korn un god Linsaal".
30   Froke, ist dat nich god Husgerath?
```

Nach den angaben des einsenders wird oder wurde obiges lied von den mädchen gesungen unter herumtragen des Kip-Kap-Kögel, der auf folgende weise verfertigt wird: man nimmt einen kolstrunk, entfernt aus dem obern ende das mark, um eine höhlung zur aufname eines lichtes zu bekommen und umwickelt dann dasselbe ende mit einer bauchigen, mit bildern (früher sog. paterbildern) und petersilienblättern beklebten papiertüte, ist dann das licht hineingesetzt und angezündet, so ist der Kip-Kap-Kögel fertig und kann seine dienste tun.

Der einsender hat im monatsblatt (s. 21 ff.) das lied in seltsamer weise auf die leiden der Friesen im 13. jarh. bezogen, welche durch den von bischof Gerhard von Münster über das land ausgesprochenen bann, veranlaßt waren, wogegen herr pastor Bühler daselbst s. 92 ff. auf die mythologischen bezüge hingewiesen hat, die sich darin finden. In jedem falle wäre es von wichtigkeit, die verbreitung des obigen Liedchens zu erkunden und den text genau festzustellen.

Elberfeld.   W. Crecelius.

b. Maten, Maten kögerling [= Kögelken],
mit din vergüld'ten flögeling!
Maten is'n göden man,
de uns alns vergel'n kan.

. . . .
apel un bęrn
nät smekt ök al göd
smit se man in'n strö-hôt.

. . . .
Marie, Marie, mäk up de där,
dör sit 'n pår arme schöler vår;
gevt se wat, låt se gån;
dat himelrik is upgedån
ale jungen gäste;
dö wat gift is de beste.

. . . .
Her Sibeling, her Sibeling,
wi schön is de frü.

. . . .
dat ęrste jår 'n sür'n apel;
dat twête jår 'n söt'n apel;
dat drüde jår 'n schinken,
dör kan man göd up drinken;
dat vęrte jår 'n pår nêe schö,
dö hört dö junggesel'n tö;
dat füfte jår en ranzen,
dår kan man göd up danzen.

. . . .
Up her N. N. sin dak
dår sit 'ne wite düw,
sē is nich kolt, sē is nich warm,
her N. N. nimt sin frö in'n arm
un danst de dęl mål up und dål,
dör singt 'ne schöne nachtigål.

Hat der Bittgesang kein Gehör gefunden, so werden folgende Spottverse gesungen:

    Rûle, rûle, rûle,
    dat ole wif is dul,
    höll den Ärs wit âpen,
    dâr kan man'n put vul grüt up kâken.

Nach dem Dictat eines Herrn aus Lüneburg, der als Knabe das Lied oft gesungen hat, im Winter 1877 niedergeschrieben.
Vgl. Jahrbücher f. d. Landeskunde der Herzogt. Schleswig, Holstein, Lauenburg VII, 378, Nr. 63c.
Bauerfeind, einige sprachliche Eigentümlichkeiten aus d. Wuppertal. Programm der Realschule II. O. zu Barmen-Wupperfeld. 1875/76.
Leipzig.   H. Prien.

  c. Mart'n, Mart'n, Vægelken
    Mit din vergüldten Snæwelken
    Flög so höch bet æwer'n Wim
    Morg'n is dat Martin.
    Martin is 'n göuden Mann
    De'n (?) dat Geld vergünn'n kann.
    De' Appel un de' Bern,
    De' mag ick göar to gern,
    Næt smeckt ök all göud,
    Smit se' in den Filshôut.
    Mari, Mari, mâk up de' Dör,
    Dâ sünd'n pôar arme Kinner vör,
    Giff jum wat und lât jum gân,
    Dat se' ök noch wider kâmt
    Bet vör Nâwers Dör.
    Nâwers Dör is ök nich wit,
    Appel un Bern sünd ök all rip.

Nach eigener Ueberlieferung aus der Umgegend von Lüneburg aufgezeichnet im J. 1874.
Hamburg.   H. Köhler.

  d. Sünte Martin Vägelken,
    Het en rodet Krägelken,
    Het en rodet Röckfchen an,
    Is dat nich Sünte Marten's Mann
    De Appeln und de Beren
    De mag ik doch fo geren.
    Nöte fmekket ok all got,
    Smit't fe man in minen Hot.
    Ik hör' de Slötels klingen,
    Se fchöllt mi woll wecke bringen.

Aus einer handschriftlichen Sammlung Elsflether Kinderlieder des Herrn Professor Hagena in Oldenburg.

  e. I. Martin abend kümt heran,
    Klingelt up de büssen.
    Alle maikens krüicht en man
    Ek mot gân un küssen.
    Süimeling, fuimeling [!! vgl. II.]
    Schöne is de fru,

Wen se na der kerken jail
Dat de rok in folen schlait.
Lat de schlötels rappeln
Nöte oder appel.
Lat uns nich to lange schtan,
Den wi möt noch sůdder gān.

II. Söine Marten jaot man,
Dů us wat fertellen kan —
Appel un de bāren
De nöte mach ek jůren
Bratbāren schmekt aok ol jaot
Schmöit in iofen fůlwerhaot.
Sůlwerring, fůlwerring
Morjen is de dach
Dā de lui' na'r kerken jat
Un de rok in fňolen schlait
Lat us nich tåo lange schtān
We möt noch bet na Köllen jān
Köllen is ne jräote schtat
Dā kröijet alle kinner wat.

Ich habe noch folgende zwei kleine versgruppen im kopfe, von denen di zweite wenigstens sicher zu disem lide gehört:
   a) Ek schtun ön mal för riker mans dår
     Riker mans dår
     De rike man schtun fůlwer dåför
     fůlwer dåför....
   b) Jåbet, jåbet håre
     En schtůkke fon'n båre
     En schtůkke fon'r olen kåo
     Un'n schtůkke brot 'r tåo.

Das Marünslied I. habe ich als knabe (um mitte der 50er jahre) in meiner faterstat Rinteln an der Mittelwefer mit meinen altersgenossen öfters gefungen; wir drangen um di Martinszeit abends in di hausfluren ein, entfernten uns aber, ohne di befungenen belonungen apzuwarten, nach oder noch for beendigung des lides schleunigst, da wir di ganze fache schon mer als einen der betr. familie gespilten schabernak anfaen. Di andere faasung habe ich bald for oder bald nach begin meiner studienzeit (ostern 1865) nach dem diktate eines bauernmädchens aus Stemmen (dorf zwischen Möllenbeck unt Varenholz, 1½ stunden unterhalb Rinteln unweit der Wefer gelegen) nidergeschriben.
Kassel.
                                          Ed. Lohmeyer.

I.
f. Sinder Marten Vögelchen
  Häd fon roth Kögelchen
  Flegt als ömmer öwer de Höch
  Hier wond en ricken Mann
  De völ gäwen kann
  Völ kann bä gäwen
  Lang fall hä lůwen
  Seelig fall hä sterwen
  Den Heemel fall hä erwen.

II.
Zündermattes Vögelchen
  Dat hat fon roth Kögelchen
  Flog all ömmer öwer däh Rhien
  Woll so gān än paar Aeppeljes fihn
  Hier wohnt dän ricke Mann
  Däh völl gäwen kann
  Völl kann hä gäwen
  Langk sall hä läwen
  Selig sall hä stärwen
  Denn Hemmel fall hä ärwen.

Bekommen die Kinder keine Aepfel oder sonst was, so wird gesungen:
Dor hängt en Säksken mit
Sümmeln an dü Dör
Dor keckt dänn wiesen
Heusinkveld*) dör.

Dis Martinslid wirt oder wurde in Isselburg, kreis Rees, fon den kindern gefungen. Es wurde mir von zwei Isselburgern mitgeteilt, zunächst mündlich und schriftlich fon einem 44järigen manne, der, feit langen jaren fon feiner heimat entfernt, jetzt hir als bibliotekadiner angestelt ist; da derfelbe sprachlich und inhaltlich fieb des lides nicht mer fo recht genau entfan, feranlaste er feinen 35jährigen bruder, der bis zu feinem 5. lebensjare in I. gewefen unt jetzt wider feit jaresfrist dort is, mir das lid nochmals aufzuzeichnen. Ich teile das lid nach beiden niderschriften mit; I ist di des ältoren, II di des jüngeren bruders; di ortografi der aufzeichner ist genau beibehalten.

Kassel.
Ed. Lohmeyer.

g. Eine stattliche Uebersicht über Fundstellen von Martinsliedern, die übrigens im Nachfolgenden um einige vermehrt wird, gibt Dr. H. Pfannenschmidt in seinen Germanischen Erntefesten (Hannover 1878) S. 468 ff. In der dem Martinsfeste gewidmeten Abteilung seines Werkes hat er jedoch diejenige Gruppe von Martinsliedern, auf welche Herr Prof. Crecelius oben aufmerksam macht, nicht zur Betrachtung gezogen.

Das unter a. angeführte Lied ist schon mehrfach zum Abdruck gekommen. Zum ersten Male geschab diefs, so viel mir bekannt ist, in den 'ostfriesischen Mannigfaltigkeiten' Jahrgang 1784, Viertes Stück, S. 20, sodann in 'Sanghfona, Platdütsk-ostfreeske Rimen, Vertelsels un Döentjes' Emden 1828, S. 166, wo, wie angeführt werden mufs, auf jenen ersten Abdruck in einer Note hingewiesen wird, sodann in 'Europa, Chronik der gebildeten Welt', Bd. IV, Carlsruhe 1844, Oel. 14: Kreuz- und Querzüge in Ostfriesland von L. Siedhoff*), ferner in Willms, Redelköst uud Snip-Snap-Snaren, Aurich 1866, S. 5, des weitern in H. Meier, Ostfriesland in Bildern und Skizzen, Leer 1868, S. 117 und 243, wo ein Teil desselben, aber mit einem anderslautenden Anfange gegeben wird, und schliefslich an der von Prof. Crecelius erwähnten Stelle.

Die hier citirten Abdrücke des Liedes stimmen alle so sehr bis ins Kleinste — fast absolut — überein, dafs, meinem Urteile nach, dieselben nicht, wie es den Anschein hat oder haben soll, jedesmal dem Volksmunde nachgeschrieben, sondern nur, und zwar als vollständigste aller zugängigen Versionen des bei den Martini-Bittgängen gesungenen Liedes, der eine dem andern, nachgedruckt worden sind. Den Worten, aber nicht der Schreibweise nach, stimmt auch mit diesen das Lied überein, welches ton Doornkaat-Koolmann im ostfries. Wtb. II, 219 mitteilt, nur ist zwischen 24 und 25 eine Zeile eingeschoben: de alle minsken gäfen kan. In dem mir vorliegenden, der grofsherzoglich oldenburgischen Bibliothek entstammenden Exemplare der ostfriesischen Mannigfaltigkeiten sind von einer und derselben Hand alle im übrigen anonym bleihenden Vorfafser der Abhandlungen handschriftlich eingetragen. Zu der Veröffentlichung des Martinsliedes findet sich der Name: Secretär Wiarda. Es dürfte dieser der bekannte ostfriesische Geschichts- und Sprachforscher sein. Von ebendemselben rührt auch die oben für bedenklich erachtete Erklärung des Liedes her, als sei sein 'Einhalt eine beissende Satire auf die Geistlichen damaligen

[Gerhards, des Bischofs von Münster] Zeitalters', und die Worte im ostfriesischen Monatsblatte sind nur ein verkürzter Abdruck des Wiardaschen Erklärungsversuches. Eben diese Erklärung ist aber nicht allein dem Wiederholer derselben im ostfries. Monatsblatte plausibel erschienen, sondern schon dem Herausgeber des Jahrbüchleins zur Unterhaltung und zum Nutzen zunächst für Ostfriesland und Harrlingerland, G. W. Bueren, welcher im Jahrgange auf das Jahr 1839, Emden 1839, Seite 12 sagt: Ich führe den Inhalt [des Kip-kap-kögel-liedes] als allgemein bekannt, nicht weiter an und verweise zum Verständnisse auf Wiarda's Commentar.

Martinslieder, welche mit dem Aus- oder Anrufe kip-kap-kögel beginnen, sind gäng und gäbe wohl nur in Friesland, welches (siehe auch van Vloeten, S. 81, Nr. 5: patron van onzen lande) im Sankt Martin seinen Landesheiligen verehrt oder verehrte. Kürzere, unvollständigere Lieder dieser Gruppe sind noch abgedruckt in Frommann's deutschen Mundarten V, S. 272, Nr. 4, Einsender C. Tannen, in H. Meyer, Ostfriesland in Bildern und Skizzen S. 117 und 118, und in t. Doornkaat-Koolman, ostfr. Wtb. II, 219. Auch J. van Vloeten veröffentlicht ein mit kip-kap-kögel beginnendes Lied in seinem 'nederlandske Baker-en kinderrijmen, Leiden 1874, S. 81, Nr. 6. Dafs Lieder dieser Form in der Sammlung westfriesischer Kinderlieder von Waling-Dykstra und van der Meulen (en doar tol alde Snipnaren, Freantsjer 1856) fehlen, ist auffallend.

Nach verschiedenen, durchweg glaubhaften Angaben (s. Doornkaat-Koolmann, Ostfr. Wtb. II, 219; H. Meier, Ostfriesland in Bildern u. Skizzen, Leer 1868, S. 115, Ostfr. Monatsblatt VII, 1879, S. 19) soll kip-kap-kögel, das Kip-kap-kögel, der Name sein für die aus einer Gurke, aus einem Kürbis oder auch aus einem Kohlstrunke und bunt bemaltem Papier hergestellte Laterne, welche die Mädchen auf ihren singebettelnden Umgängen — Knaben sind nämlich durch die Sitte von diesem Laternentragen und Kip-kap-kögelgesänge ausgeschlossen — brennend umhertragen. Zur Jetztzeit mag dies richtig sein, aber von Altersher gewis nicht.

In der Bedeutung von Laterne kann die Wortgruppe kip-kap-kögel nur das erste, das Bestimmungs-Wort eines appellativum compositum sein, dessen Gattungswort aufgegeben und verloren gegangen ist. Das Wort könnte etwa lücht gewesen sein.

In der Silbe kap darf man wol vermuten, dafs das mtl.-latein. Wort cappa stecke, und kögel ist ohne Zweifel mit alte mnd. kogel, kagel = Kapuze. In der Silbe kip sehe ich nur eine bedeutungslose Vorschlagssilbe, nämlich kap mit abgelautetem Vokale[1]. Aehnlich sagt Wiarda an dem angegebenen Orte: 'Kip-Kap-Kögel ist die Bedeckung des Hauptes' und: Kip-Kap-Kögel wird also eine kleine, vorne zugespitzte Mütze sein'; dafs Kip-Kap-Kögel eine Laterne für Kinder sei, erwähnt er mit keinem Worte. Nahe zu liegen scheint mir die Vermutung, dafs dieser, das Lied einleitende Anruf und Ausruf darauf hinwiese, dafs früher bei diesem eingehenden Bittgängen zur Abendzeit der Kopf vermummt oder auch die ganze Gestalt verhüllt wurde. Eine dem Reime zu Liebe gemachte Entstellung des Ausrufs in kippe-kappe-kente hat C. Tannen in Frommanns Mundarten V, S. 272, Nr. 6 veröffentlicht.

An dies ostfriesische Gebiet, wo das kip-kap-kögel-Lied gesungen wird, gränzt, dasselbe ringsumgebend, ein anderes, in welchem die umgängigen Martinslieder mit einem Anrufe ähnlichen Reimklanges anheben. In diesen wird das 'Sankt Martins-Vögelchen' oder auch 'Sankt Martin [du] Vögelchen' angerufen und auf das Vögelken mufs sich dann flügelken, Snäwelken, Krägelken oder ähnliches reimen. So Strackerjan, Abergl. und Sagen a. d. Herz. Oldenburg, S. 57, Nr. 326; Firmenich, Germ. Völkerst I, 139 und 140; Danneil, altm. Wtb., S. 132 (3 Stück), 268; van Vloaten, Nederl. Baker- en Kinderrijmen 1874, S. 82, Nr. 9, Plattdeutsche Gedichte, meistens altmärkscher Mundart, Neuhaldensleben a. a. S. 80; A. Engelien und W. Lahn, der Volksmund in der Mark Brandenburg S. 230; Woeste, Volksüberlief. i. d. Grafsch. Mark, Iserlohn 1848, S. 28; Pfannenschmidt Erntefeste S. 480 O, 481 b, 478 M. a. Zu diesen gehören auch die oben sub b, c, d, f mitgeteilten, bisher ungedruckten Lieder, unter denen das aus Lüneburg auffällt durch die eigentlich nach Mekelnburg hingehörenden oder auf Mekelnburg hinweisenden Wortformen kögerling und högeling.

Recht eigentlich die Heimat dieser Gruppe von Martinsliedern ist das Königreich Hannover und die Altmark; über die Elbe reicht sie nach dem mir zugängigen Materiale kaum hinüber. Nur aus Lauenburg a. d. Elbe, welches hannóverschem Gebiete gegenüberliegt, finde ich derartige notirt.

Vielleicht ist aber der Anruf Martins in dieser ganzen Gruppe nur eine Weiterbildung aus den einleitenden Worten der ersten Gruppe, und man müste darnach annehmen, dafs Ostfriesland, das alte Sitten und Ueberlieferungen überhaupt in reicherer Fülle und reinerer Fafsung sich zu bewahren vermocht hat, auch in diesem Liede dem Altertume, resp. den frühern Jahrhunderten näher stehe. Es finden sich nämlich deutliche Uebergangsformen. So lautet eins aus Vechta: 'Sünte Matten Vægelken, harr so'n roth Kokægelken', in Strackerjan Aberglaube und Sage u. s. w. II, S. 50, Nr. 326a; ein anderes aus Lauenburg a. E.: Marten, Marten-Kägel mit sien vergüldten Flügel, in den Jahrbüchern für die Landeskunde Schleswig, Holstein und Lauenburgs IV, 1861, S.173. Zu diesen, vielleicht einen Rest des Früheren erkennen lafsenden Entstellungen kann wol auch das kögeling des unter b, mitgeteilten Liedes gerechnet werden.

Aus Friedrichstadt a. Eider endlich wird eine sehr verunstaltete Form des Liedeinganges mitgeteilt von Carstens in Wegeners Sammlung S. 260, Nr. 906. Sie lautet:

Matt'n, Matt'n Hüülk'n*)
[= Merten Merten kögerling, in b. Zeile 1]
En rood'n Rülk'n,
En rood'n Röckfchen an,
Dat weer mien ol Matt'n Mann
[= Is dat nich Sünte Marten's Mann, in d. Zelle 4]
Matt'n Matt'n Goesch'n
[= Merten, Merten's Güfe],
Sin ni al to boefch'n
[= Sünt ook all to böfe, in a. Zeile 7]
Hier en Stohl, daar en Stohl,
Op jede Stohl en Küff'n,
Un daar en Pannkook twifch'n*).

Der ganze Kinderreim ist an der citirten Stelle unter: Spott auf Namen rubricirt worden. Dafs aber derselbe nur der Rest eines Bittumgangsliedes ist und auch als solcher noch in Ditmarschen erkannt werden kann, wird durch folgende Mitteilung bestätigt, welche ich einer jetzt in Hamburg ansäfsigen, aus Lunden in Ditmarschen gebürtigen Ehefrau verdanke. Das Martinslied erscheint in derselben allerdings in einer noch ärger verunstalteten Form. Die schriftliche Mitteilung lautet:

'Wir höhlten uns Gurken aus, schnitten allerlei Figuren darauf aus, gewöhnlich Sonne, Mond und Sterne. Es wurde ein Lichtchen hineingesteckt und gesungen:

    Maden Maden Hülken
    Sü¹) ni all to bülken
    Hier en Stohl un dar en Stohl
    Op jeder Stohl en Küssen
    Un dar en Hülken twischen.
    Maden Maden Göschen
    Sü ni all to böschen
    Min ull²) Maden wer en Mann
    Harr en rodes Röckschen an
    Dat wer min ull Maden Mann.
    Maden Maden harr en Koh
    De kem Allerhilgen to
    Wer ni fett un wer ni mager
    Dat wer min ull Maden-Swager
    Schall 'k man 'n Snupp Lich?' —

Die Eingangsstrophen, nach denen hier ein Einteilungsversuch gemacht wurde, sind bei der Mehrzahl der litterarisch überlieferten weggefallen oder nicht notirt worden. Diese heben dann an mit einer Lobpreisung Martins als eines guten Mannes oder mit einer Anrufung desselben als Herrn, siehe hier z. B. sub e.

Die ganze Fülle derselben, in Gruppen eingeteilt, vorzuführen, würde an dieser Stelle mehr Raum einnehmen, als das Interesse, welches dem Gegenstande entgegengebracht werden möchte, erlauben würde. Nur zu einer Strophe, welche sich in drei der oben abgedruckten Einsendungen findet, wollte ich noch einige Parallelstellen hinzufügen.

In b lauten Zeile 14 und 15: Her Sibeling, her Sibeling, WI schön is de fru; in e, Zeile 5 und 6: Süimeling; Süimeling, Schöne is de fru; in e II, Zeile 7 und 8: Sülwerring, sülwerring morjen is de dach.

Welches die ursprüngliche, unentstellte Form dieser: Sibeling, Süimeling, Sülwerring sein mag, wird mir auch beim Vergleichen mit den übrigen vorliegenden nicht klar und ich lege sie desshalb den Lesern vor, in der Hoffnung irgendwie Aufklärung darüber zu empfangen.

In Vechta — Strackerjan Aberglaube und Sage S. 56, Nr. 326a — heisst es: Seweling, Seweling schön is de Frau; in Rodenburg in der Grafschaft Schaumburg — Pfannenschmidt 474 H. a. —: Ziperling, siperling schön is de Fru; in Limmer — Pfannenschmidt 471 B —: Silberling, Silberling, wie schön is de Fru; in Osterode — Pfannenschmidt 477 K. g —: Klimperling, klimperling, Schön is de Fru N. N.; in Lüneburg — Pfannenschmidt 479 M. a —: Sülberling, Silberling, Schön is de Frauwe.

Bei diesen verschiedenen Wörtern an Silberling zu denken, liegt schliesslich nahe genug. Ob damit aber das Richtige getroffen ist?

Hamburg.   W. H. Mielck.

---

[1]) Josepf! ebenso in der Ausgabe von 1784; siehe weiter unten.
[2]) name des angefangenen für den hier der aufzeichner seinen eignen eingesetzt hat.
[3]) Den Nachweis dieser Stelle verdanke ich der freundlichen Mitteilung des Herrn Hermann Kestner in Hannover.
[4]) Etwa wie: Zum Zipfen, zum Zapfen, zum Kellerloch hinein. S. übrigens Mnd. Wtb. II, 465: kip, der Zipfel an der Kappe und II, 513: kogelkip, der Kogelzipfel.
[5]) Dies Hüülk'n und das Hülken im folgenden Liede erkläre ich als büllehen,

kleine Hülle; sie entsprechen dem Kögelken in b. und weisen auch für Ditmarschen auf
eine übliche Vermummung hin. Daſs das Wort als abgeschliffen aus buldeken = kleine
Holda zu erklären sei, glaube ich nicht, s. II. Handelmann, Nordelbische Weihnachten,
in den citirten Jahrbüchern, IV, 269—293.

*) Diese letzten drei Zeilen gehören einer anderen Gruppe von Martiniliedern oder
Bettelliedern an, die gesondert zu betrachten wäre.

²) Hinsichtlich der Formen sö, sŭ (sünt) und ült (öl, alt) s. Korr.-Bl. III, 27 u. 41 ff.

2. Aus niederdeutschen Handschriften.

I. In dem Besitze des hiesigen Kaufmanns Job. Barth befindet sich
eine nd. Pergamenthandschrift (8°) des XV. Jahrhunderts, welche in zierlicher
Schrift mit kunstvollen und farbigen Initialen ausser einem Kalender enthält:
1. Die seuen gotyden van onser lieuer sueter vrouwen marien.
2. Die souon gotyden van der ewiger wysheit.
3. Die seuen getyden van den waerden heiligen cruce.
4. Die souon ghotyden van den heilighen gheost.
5. Die seuen salmen van penitentien.
6. Die langhe vigilie mitten neghen lessen.

Den Schluss der gut erhaltenen und ohne Zweifel in Friesland entstandenen Handschrift bilden Gebete, unter denen auf dem drittletzten Blatte
ein Glauhensbekenntnis steht, welches ich nach Beseitigung der vorgefundenen
Abkürzungen als Sprachprobe mitteile. Ic geloue in enen godt vader,
almachtich scepper hemelryes ende aertryen ende alre sicnliker ende onsienliker dingen, Ende in eenen here ihesum cristum, die is een gehoren soon
goods wt den vader voor alle die worlt, God van gode, licht van den lichte,
waer god van den waren gode, Gheboren ende niet ghemaect, een suhstancie
mitten vader, ouermits wien alle dingen gemaect syn, Die om des menschen
salicheit is neder gecomen¹) van den hemel Ende is vleische geworden
ouermits den heiligen geest wt der maget marien ende is menscho geworden
Ende is oec gecruust, onder poncio pilato gepynt onde hograuen, Ende is
op gestahen na der scriftueren in den derden dage Ende is op goclommen
totten hemele ende sit totter rechter hant syns vaders, Ende anderwert sel
hi weder comen mit syare glorien te rechten leuende ende doden, Ende syns
ryes en sel gen eynde nemen. Ende ic gheloue in den heiligen geest, den
heer makot leuendo ende doden, die wt gaet wt den vader ende wt den
sone Ende wert aenghebodon te gader ende mede geliket hoge verclaert
mitten vader ende mitten sone, die gesproken heuet doer den propheten. Ende
ic geloue in een ghomene apostolike heilige kercke. Ic bolic een dope in
afdatinge alle mynre sonden. Ende ic verwachte die opuerriscnisse der doden
Ende dat leuen der toocomender werlt in ewicheiden. Amen.

II. Aus dem im XVI. saec. geschriebenen Manuscript 56 der hiesigen
Kunstbibliothek seien folgende Stellen mitgetheilt:

(S. 69 a.) De thien ghoboden Godes.

Dyt synt dye X woerden. Dat yerste: Israhel, dyn god ys een waer
godt, hem saltu dyenen ende dynen godt mit gheene vremoden godon manghen.
Dat ander: Israhel, dynen Godt en saltu ander belynge maken van creaturen,
dye by den hemmele vliegen ende de alle op der eerden synt ende de in
den water zwemmen, wanck (= want ick) mynen ondanck ende toren wreke
in dat veerde ende mynen danck geue in dat tyende (sc. Glied). Dat
derde, yarahol ys: Dynes heren name en saltu nyet verzweren noch ydolycken

optrecken. Dat veerde, Israhel, ys: Du en salst dy des sondachs vyeren niet vergeten. Desse voerscreuen vier woorden syn in de eerste taffel bescreuen. Dat vyffte gebot ys: Israhel, Ere vader ende moeder, soe Lange du leuest vp eerden. Dat seste, Israhel, ys: wachtet v voor hoerdoem ende ouerspell. Dat souende ys: Wachtet Juw van manslacht, dat ys van dootslacht. Dat achtende ys: Wachtet Juw van deefte. Dat negende ys: Wachtet Juw van valschen tugen ende van onnulter begheringe. Dat tyende ys: Dattu alle dingben de dynen euen kersten menschen thoboren mit synen beteren rechte, saltu¹) nyet begerende wesen. By dysse X geboden soe maects Moses recht godes ende menschelycke recht ende zyn vyff boeken. Ende daernae so hebben godaen alle propheten ende alle apostelen oer boeeken, ende wat scrifte ende rechte dat eerlick ende nuttelick syn, dye beginnen ende endigen in dyssen X geboden.

Vorstehende zehn Gebote scheinen dem Originale des bei M. von Wicht, Ostfriesisches Landrecht, Vorbericht pag. 136 abgedruckten friesischen Textes nachgebildet zu sein.

(S. 50 b.) Van dye geboorte der kinderen.

Sunte Augustinus, die hillige bisschop, seeht ons, dattet Kindt in zynen moeder Lichaeme wordt bynnen IX maenden. In der erster maent nemot (L rennot) dat bloet na der ontfanckenissen. In der ander wordt het licham gebeeldet. In der derder maent wordt dat zene vast ende geadert. In de veerde wordt dat kyndt al heel gheschapen. In die vyfte maent ontfaet dat kynt die ziele ende rechtet op den lichame ende ontfangt den geest. In die seste maent wasset dat march ende die huit. De soeuende maent ontfaen ende wassen dye darmen. In die achtende maent wasset dat baer. In dye negende maent wordt dat kyndt geesschet ende geboren.

Dieser Passus weicht von einem andern, denselben Gegenstand behandelnden, niederdeutschen Texte bei K. v. Richthofen, Friesische Rechtsquellen pag. 240 an mehreren Stellen ab.

Emden. H. Deiter.

¹) ls steht hier in der Hs. zum zweiten Male. ²) Anakoluth.

3. Flüche, Verwünschungen.

Eben wie etwan vor Alters die Furcht bey den Kindern recht gemachet ward, wenn sie bey den Römern sagten: Hannibal ad portas, oder heutiges Tages bey uns: schweig, oder der popantz St. Niclaus, der Knecht Ruprecht kompt! Oder vor diesen bey den Teutschen: schweig, oder der Druyd kompt! Daher endlich soll entsprungen sein das Sprichwort: Dat di de Dröse hale! wie ein Autor im vertoutschoten und weitläuffger erkläreten Hortö Philosophicö Mart. Mylii meinet. — Noch andere, und zwar die meisten wollen, es komme vom Druso dem römischen Angstvogel u. s. w. Also dass, wenn die Altväter ihre muthwillige Päntsche haben wollen zu Choro treiben oder in die Furcht bringen, sie sollen gesagt haben: dat die de Drose hale! eben wie man in der Altmark zur Sommerzeit die herrumlauffende Buben bedreuet, wenn man sagt: Bliff to Huse, edder de Roggenmöhme mit de langen Schwarten titten kumpt! Doch damit ich auch mein Bedencken drüber an den Tag gebe, so stehe ich nicht in den Gedancken, als wenn Dröse von Drusus herkomme: weil nemlich erstlich das Fluchwort (so die höllischen Hall-Weiber in gemeine an sich haben) dass dich die darre hole oder bestehe! nicht wol von Davið herkommen kann, ob es schon mit einander so nahe verwandt zu sein scheint, als das vorige kaum ist. Oder solte ein ander sagen: es were darre so viel als de Arius der Ertzketzer: solches rat mir gleichfalls nicht zu maule! — Zum andern haben die alten Alten Märker meine redliche Landsleut, solches verwünschendes Sprichwort: **Dat di de düster hale!** Dieses kann ebenfalls nicht wol von dusares hergenommen werden u. s. w. **Dat di de Böse hale!** Dat di dat Rattoschlage oder zustossel Nun halte ich auch nicht dafür, dass es von Rodegast dem alten Dreckgötzen oder Teuffelsbilde der Teutschen entspringt. Summa: es sind Drösen, Darre, Böse, Düster, Rat Teutsche Plagen. Was wollte man solche von weitem aus andern Ländern und Namen herziehen?

Ebenmässig ist es auch so gemeinet mit folgenden Teutschen Sprichwörtern:

        Dat di de Dot hole!
        Dat di de Plage Kummer anküme!
        Dat di de Kranckt hale!
        Dat di de Düfel hale!
        Dat di de Sücke hale!
        Dass du die schwere Noth kriegest!
        Dat du verblassest!
        Dat du vertwifelst!
        Dat di alle dat Unglück bestah!
        Dat di nümmer Guts wedderfahre!
        Dat du verdwasselst!
        Dat du verkimest! oder verquimest!
        Dat di Gotts Blomen hart!
        Dat di Düsser und Jener!
        Dat di Gottes Marter anküme!
        Dat di dat Krutz anküme!
        Dat du erstickest!
        Dat du sterbst, eh een Jahr to enne geith!
        Dat du verschmachtest!
        Dat du vergeist!
        Dat du versupst!
        Dat du verschwinnest!
        Dat du an Galgen kümmst!
        Dat du umbkümmst!
        Dat du verlamest!
        Dat du een Been to brickst!
        Dat du an Kack kömmst!
        (aus i. Card Virgilli et Oridii?)
        Dat du de Kacke kriegest! u. s. w.
        (Nach Jocoser, Otthon. Melandr. und Agricola).

Siehe hieraus erstlich, wie fein, dass wir Teutschen leider! leider bethen können.! Zum andern alle diese Sprichwörter in Teutschland (drinnen per anagramma auff solche Art viel Schandleuthe seyn) entsprossen und nirgend anderswoher aus Tyrannische Nahmen genommen seyn. Taudel- und Zaudelhaftiger Spinnrocken a. O. 1678. (Sieh Alem. IX, 101).

    Bonn.   **Anton Birlinger.**

4. Zum mittelniederdeutschen Wortschatse.

Die ersten vier Wörter sind dem Buche entnommen: Tractatus de fascinatione novus et singularis antore **Johanne Christiano Frommann**

D. Medico provinc. Saxo-Coburgico et P. P. Norimbergae, Endter 1675, 4° (selten.)
1) Kackerlack. Cur quidam de noctu omnia viderint. Filii de Kackerlack producuntur S. 99. de filiorum de kackerlack Hollandis dictorum S. 100. Joh. Christophs Männlingen, Denkwürdige Curiositäten, Frankf., Leipzig 1713 hat in der Dedicatio: die Innwohner in Malacca, die man Filii de kackerlak nennete.
2) Töversche. Saxones mutata dialecto dicunt Töversche, Töberer, fascinäre tooveren. S. 503.
3) Vloet vel Stroom. Ita prophylacticum contra canum rabidorum venenum familiari est usitatissimum atque superstitiosum in hac regione (Groningana) ut canis, ne morsu ab alio inficiatur, vocetur Vloet vel Stroom (appellatione scilicet ab aqua desumpta unde rusticorum canes majores hisce nominibus appellantur). Certe si quid huic nomini subsit praesidii vel remedii contra tale venenum atque rabiem ipsam, ut putant certo certius subesse, à quibus quasi atomis hoc profluit? vel an non potius ad Satanae imposturas id omnino referendum; inquit Deusingius Exam. Pulv. Sympath. S. 584.
4) Wickbersen à voce Saconica Wicken quod idem est ac wahrsagen 504.
5) Vorspoyk, Vorlaet, Nalaet. Joh. Friedrich Stockausens Wunderliche Todes-Vorboten Helmst. 1684, denen Uhland den Grundstock seines Junker Rechberger verdankt, haben S. 2 also an: Todes-Vorboten = praesagia mortis. Ein Niedersachse wird schon wissen, was bei uns ein Vor-Spoyk oder Vorlaet oder wann etwa nach der Todesstunde der Tod eines andern bey entfernten Leuteh angemeldet Syn Nalaet heißet. Dahin das Wort im mittelniederd. Wtb. V 456a zu verbessern. Vorlât 385b ist ebenfalls zu vervollständigen, desgleichen nalât III 154a.
6) Die Tacken. Die zu Strassburg i. Elsass bei Dultzecker 1720 erschienene Warhaffte und gründliche Cur aller dem Menschlichen Leibe zustossenden Kranckheiten — v. Dr. Christian Weissbach 8° hat alemannische und niederdeutsche Wörter. Zu den letzteren gehört ganz besonders Tacke. (Weissbach ist im Bergischen als Arzt thätig gewesen) S. 231: Die blinde güldene Ader Haemorrhoides Coecae Auf Nieder-Teutsch Die Tacken. In Nieder-Teutschland ist diese plage gar gemein bey schwangern frauen und kindbetterinnen, und ist mit solcher höllen-pein vergesellschafftet, dass ich offt von solchen armen weiberchen hören müssen, sie wolten lieber zehen mal die hefftigsten geburts-schmertzen ausstehen, als ein eintzig mal die feurige Tacken erdulten. S. 133: Gleichwie der Leser auch von der Cur der schmertzen, von der blinden güldenen ader, welche man hier zu lande die Tacken nennet, und womit kindbetterinnen offt geplaget werden, sich in dem Capitel von der blinden güldenen ader raths erholen kan. Wenn sich aber woder schmertzen noch entzündung legen wollen, sondern die Tacken kommen zur zeitigung, so muss man wohl zusehen, dass die wunde fleissig gesäubert werde, welches am füglichsten mit agtstein-myrrhen-essentz und therbenthin bewerksteilliget wird; sonsten kan es gar leicht geschehen, dass eine verdriessliche fistul daraus erwachse.

Bonn. Anton Birlinger.

5. Name des Entrichs (s. VI, 51 f.).
a. Hier in Rostock heisst er arpel und drako, ersteres gilt vielfach

in der Form **erpel** als hochdeutsch. **waetick** scheint nach mehrfachen nachfragen hier nicht bekannt zu sein, auch nicht bis zur pommerschen Grenze. Ähnlicher Unterschied von Schwerin kommt mehrfach vor.
Rostock. K. E. H. Krause.

b. Zu dem was Miolck über das Wort **wîk**, **wetik** sagt, kann ich noch einiges hinzufügen. **week**, eendvogel erscheint auch bei Kilian. Ferner vergleiche man **de Jager**, Taalkundig Magazijn I, 329. Das Wort ist in Overijssel gebräuchlich. In Halbertsma's Overijsselschem Woordenboek findet sich **wêke**, manetjes eend. In einem overijselchen Idioticon in Noord en Zuid I, 217 liest man **wiek = waard** (eend) of stroo. Eigentümlich ist, dass der Sachsenführer Wittekind, in der Sage, von der doch gewiss ein Teil ächt ist, auf plattdeutsch stets de **Wyeck** heisst. Man vergleiche besonders die Stüvesche Aufzeichnung in den Mitteilungen des hist. Ver. zu Osnabrück III, 216. Die Etymologie von Wittekind ist, so viel mir bekannt, dunkel. Ein Zusammenhang des Namens mit dem 'Wiehengebirge' (Die Burg Wedigenstein an der Porta Westphalica heisst um 993 Widegenburh, im Jahre 1270 mons Widegonis) ist wohl nicht von der Hand zu weisen.
Kiel. H. Jellinghaus.

c. Zu **endter = männliche Ente** dürfte vergleichenswert sein, dass **Ganter** (z. B. bei Jüterbock) ein Name für das Männchen der Gans ist.
Berlin. H. Buchholtz.

6. Garbe, Garst.

In der Zeitschr. f. deutsche Philol. 13, Heft 3, S. 304 erklärte Woeste in der Frage Weisth. 3, 137, ob der Zehntherr 'die zehende **garb** und nit den zehenden **garst** ausnemmen solle' dieses **garst** für einen grossen gewaltigen Haufen. Nach der vorkommenden Gleichung XIII **garst** heringo = XIII **getas** hallecium, welches **getas** er für verlesen aus '**getal**' ansah, ein Ausdruck, der in verschiedenen Gegenden = 120 oder 240 oder 200 sein könne, erklärt Woeste '**garst**' für einen Haufen von 120, 240 oder 200 Garben! Geta hat schon Zacher l. c. als = conjecta, ein Haufen, ein Bündel nachgewiesen. Wer aber je noch den Zehenten nehmen sah, wie ich, muss sich über so kolossale Haufen wundern, wie Woeste sie dem Zehentherrn zur Auswahl präsentirt sein lässt. Noch in meiner Jugendzeit war in Northeim derselbe Streit, den die Weisthumsfrage aufweist. Wir banden dort grosse Bunde oder Garben und stellten je 10 in einen Hocken, 9 aufrecht schräg an einander, die zehnte köpflings darüber. Der Zehentsammler (tegentammer) durfte von zehn Hocken einen beliebigen wählen, Garben aber nur aus den nicht zu zehn vollauf gehenden Haufen. Neue Zehentherren versuchten aber gelegentlich die ihnen vortheilhaftere Wahl nach Garben zu erreichen, weil dann die schwersten ausgesucht werden konnten, scheiterten aber stets am Widerstande der Pflichtigen. Auch in der angeführten Stelle ist '**garbe**' das einzelne Bund, '**garst**' also der Hocke oder Haufe, der bei grossen Garben nicht mehr als 10, bei kleinen, wie sie im Lüneburgischen gebunden werden, höchstens 20 gezählt haben kann.
Rostock. K. E. H. Krause.

7. Die Haustiere in Hinterpommern.

Die allgemeine Bezeichnung des Viehes ist **vei** oder **quick**. In meinem Heimatsdorfe Carnin lockt man die Gänse **pil pil**, die Hühner **tit tit**, die

Enten fīt fīt, die Katze mis, den Hund tūs, das Schaf schik, das Lamm lem, die Kuh krūsch, das Kalb nis, das Pferd hisch, das Fohlen hans, das Schwein būtsch, das Kaninchen matz. Davon heissen die genannten Tiere besonders in der Kindersprache: dat pilke, plur. de pilkes oder pilgois'; dat titke, plur. titkes oder titheiner; dat fīlke, plur. fīlkes oder fīlsents; dat miske, de mis oder miskatt; dat tüske oder de tüshqnd; dat schikske oder schikschāp, der Hammel schikhāmel, das Lamm schiklamm, baelamm oder lemke; de krūsch oder krūschkau; dat niske; dat hischko oder hischpird; dat hanske; dat būtschke; dat matzke.

Junge Gänse heissen Gessel, der Gänserich gnot, der Erpel ūbel, der Tauberich duffot, junge Hühner kiken. Die Hündin tēl (in Bromberg zuck, d. i. polnisch suka); das Mutterschaf zibbe (poln. cabanka), ein einjähriges Schaaf jālink; ein altes, abgetriebenes Pferd hörte ich in Stojentin, Kr. Stolp, kos' nennen; d. i. wohl polnisch koza Ziege, nicht kuc, Ponny; eine allgemeine Bezeichnung für das Pferd ist krack, Plur. de kracke. Der Eber heisst bīe, das verschnittene Schwein borg, die Sau seeg, das Ferkel fāke; in der Polziner Gegend nennt man das Schwein polk.

Bromberg. O. Knoop.

8. Kogelgeld?

Auf den Rückseiten braunschweigischer Lebensbriefe a. d. 16. Jahrh., die sich in hiesiger Schulbibliothek befinden, sind mehrfach die Kosten für die Ausstellung derselben notirt, darunter als letzter und geringster Posten: 'Kogelgelt'. Was ist darunter zu verstehen? Handelt es sich um eine Art Trinkgeld, einen Beitrag zur Beschaffung einer kogel für den Schreiber? Vgl. schortelgelt Mnd. Wb. IV, S. 121 und dazu Koppmann, Korr.-Bl. II, 54, ferner kaplaken (Mnd. Wb. II, 427) als 'Trinkgeld' und Reinoke Vos 3672 ff.:

Nēn is de eme de wārheit secht,
edder de dor spreken: 'it is ovel gedān',
Nicht sīn bichtvader noch de kapellān.
Woromme? se genēten al mede,
al were it ōk man to eineme klede.

Northeim. R. Sprenger.

9. Kroneke (s. I, 50, V, 69).

Nach dem Mnd. Wb. (Nachtrag) VI, 188 komme ich noch einmal auf das Wort zurück, um auf 2 Abbildungen dieses Gabelspiesses hinzuweisen. Das eine, ein Stechen mit Kronen oder Kronspiessen, steht im Anz. für die Kunde deutscher Vorzeit 1880, sp. 103 und 104. Das zweite findet sich in der 'Romfahrt Kaiser Heinrichs VII. im Bildercyclus des Codex Balduini Trevirensis', herausg. von der Direction der K. Preussischen Staatsarchive, Berlin, Weidmann, 1881, auf Tafel 34. 'Hastiludia choree et festa Pyais longo tempore'. Hier tiostiren Balduin von Moncornet und der Heeresmarschall Graf Heinrich von Flandern (S. 96) mit solchen Kronen. Es sind Speere mit 3 kurzen scharfen Spitzen, die einer dreizinkigen Gabel ähneln, nur dass die mittlere etwas länger ist, als die zwei auf den Seiten. S. 96 werden sie characterisirt als 'mit Zacken, den sog. Krönlein'. Es ist daher leicht erklärlich, dass der Name auch für Gabeln gebraucht wurde. Vergl. Mnd. Wb. II, 578. Niederd. Jahrb. IV, 77, 78. Müller und Mothes, Archäol. Wörterbuch der Kunst II, 602 v. Krönung. Jedenfalls hat die Lanze zum Schimpfspiel, die Kroneke, nie einen Knopf. Die auf den Bildern wären, wenn

die äussern Zacken etwas nach aussen gekrümmt wären, den 'Lilienstäben' der Wappen ähnlich sein, und vermuthlich sind diese nichts anderes als etwas veränderte Krönlinge.
Rostock. K. E. H. Krause.

10. Plör', Plirr'.

In Norddeutschland braucht man den Ausdruck Plör' (als Nebenform auch Plirr' in Holstein) vielfach für dünnen Kaffee, gleich dem sächsischen Blümchen. Meiner Ansicht nach ist das Substantiv vom Verbum pladdern abzuleiten, da in Plör' besonders der Begriff des Dünnflüssigen und Wässerigen ausgedrückt werden soll. Bekanntlich geht sowohl einfaches d nach langem Vokal, als doppeltes d nach kurzem Vokal vielfach im heutigen Plattdeutsch in r über, welches allerdings nicht wie ganz reines, scharfes Zungen-r lautet, aber doch diesem Laut am nächsten kommt, z. B. meckl, smer = smed' Schmiede; harr = hadd hatte u. s. w., Dadurch würde das zu pladdern nicht stimmende r erklärt. Wie's mit dem Vokal ö und i in Plör' und Plirr' steht, weiss ich nicht.
Hamburg. O. Rüdiger.

b. In Hamburg und Südholstein ist Adjectivum plürig In entsprechender Bedeutung, z. B. als Bezeichnung kraftloser Suppe oder Vorspeise, Löffelspeise in allgemeinem Gebrauche. W. H. M.

11. Röbekuhle (s. IV, 48, 56).

a. Zu diesem Worte stellt sich ausser den von Koppmann gesammelten verwandten Namen auch der des Rübenberges bei Neustadt, Landkreis Hannover. Das Volk erzählt von Raubrittern, die einst auf demselben gehaust hätten und erklärt Rüben = Raub(Räuber)berg. Eine solche Erklärung ist aber sprachlich unmöglich, vielmehr empfiehlt sich auch hier die durch bair. Rübb (Schmeller- Fr. 2, 10) 'Steingeröll'.
Northeim. R. Sprenger.

b. Ich glaube, dafs in vielen Fällen das röve in rövekamp, rövekûle u. s. auf dem Wege volksetymologisirender Entstellung unverständlicher Reste der alten Sprache in Zusammenhang gebracht worden kann mit dem altsächs. hreo, gen. hrewes, angelsächs. hræv, gotisch hraiv, welche Wörter Leichnam bedeuten. Hamburg. W. H. Mielck.

12. Zitelose (s. Tidelose, Sittelose VI, 22 ff.).

Meine vermuthung, dass das wort aus dem italienischen stamme, ist durch das aufgefundene spätlateinische cytalosa wohl erwiesen. S. Jahrb. VI, s. 108 zu v. 277: 'cytalosa octava species' im rosenkranze Mariae. Die gleichstellung von pflanzennamen, welche Sprengel, Korresp.-bl. VI, 22, in der Lüneburger incunabel fand, beweist, wie der drogenname 'hermodactili' schon im mittelalter immerfort verschoben wurde, alle ähnlich wirkende zwiebeln und wurzelstöcke erhielten allmählich diesen namen. So die scilla (aquillen, scalleken), sogar allium victoriale (allequedelock, droestock), neben der zitelose. Welche zwiebel etc. zuerst den namen hermodactili trug, der meist auf eine Iris angewandt sein soll, ist nicht zu erweisen. 1821 steht er im Stader zolltarif (herausg. v. Dr. A. Soetbeer, Hamburg 1839) s. 60: 'hermodatteln, wie droguen'; die alte mittelmeerdroge hatte ihren namen nach America abgetreten; an welche pflanze, kann ich hier nicht finden. Vermuthlich ist nach allem die **blume zitelose**, welche einen ähnlichen wurzelstock haben muss, und sehr wohlriechend sein soll; 'ghedesemed' (Jahrb. l. c. v. 277), die duftende **Iris persica** unserer gärten, welche einen zwiebelartigen wurzelstock besitzt. Rostock. K. E. H. Krause.

13. Ode in Kalenbergischem Platt (v. J. 1776).

In dem zweiten 'Pröbgen' der neuen Deutschheit nuniger Zeitverstreichungen (s. K.-Bl VI, s. 43) gibt der Verfasser zur Verspottung der Odenpoesie Klopstocks und seiner Vorliebe für die nordische Götterwelt eine plattdeutsche Ode zum besten, welche durch den Kontrast zwischen der niederen Volkssprache und der feierlichen Anwendung der auswärtigen Mythologie, sowie der fremden Metrik, besonders komisch wirkt, weshalb ich sie hier wieder abdrucken lasse

    Ode up Michel, dei mit enen Vrail dobt eschlagen wohrd.
Brauer! lat üfch lIühlen — Blarren mindert
Des Hartens Pihn.
Hier frettet — ja tom Libken 'Sank, dihn un mihn Harte.
Dröge Ogen vermehrt, un natte liudert den Schmart.
Michel! bift du ofer Freude verlohren!
So bift du forht?
O lehret meck ji Singer von Walhalla meck,
Stimme de Deifterfche Lihre to Walhalla Gefang.
Süp'ft nu mit Afen Brailß', höhrft den Hahn
Von Hela Kraihn?
Michel! o wie hühlet as de Götter um Balder
As Frigga dohr Hermode der Welt to höhlen gebohł.
Sau vell Odins Söhn dohr Hoders Worp —
Du dohr den Vrail.
Dei du fuß mit almächtiger Fuhft, as Kinder von Ymer
Öhm dreieft, as wih do weiklcken Franzen nah Naftrond vrailen.
Michel, was üfch Hrymur, dapperer noch
As Brymers Blaut,
Kein Einberiar verftund dat Vaterlands Kihlen
Bäter as hei; un kleuker as hei, fuhpt fck nich Söhne von Mimer.
Elberfeld. W. Crecelius.

II. Notizen und Anzeigen.

1. Beiträge fürs Jahrbuch sind einem der Mitglieder des Redaktionsausschusses (s. II, 57) einzuschicken.

2. Zusendungen fürs Korrespondenzblatt bitten wir an W. H. Mielck, Hamburg, Dammtorstraße 27, zu richten.

3. Bemerkungen und Klagen, welche sich auf Versand und Empfang des Korrespondenzblattes beziehen, bittet Ebengenannter direkt der Expedition 'Fr. Culemann, Buchdruckerei in Hannover, Osterstraße' zu übermachen.

4. Einzelnummern früherer Jahrgänge sind, soweit der Restvorrat an solchen reicht, nur erhältlich durch Henricus Fischer's Buchhandlung in Bremen. Die Nummer von 8 Seiten kostet 25 Pf., die von 16 Seiten 40 Pf., einbegriffen freie Zusendung. Der Betrag kann in Briefmarken der Bestellung beigelegt werden.

Register[*])

Aalraupe 9.
Abel, Anas Mas 94.
abraham 11.
abi? 79.
Accusativ sing. masc. gen. im fries. Platt 28. 29.
Adjectiv, niederdeutsches, vor adjectivem Substantiv 66.
Adjectiv, falsche Formen des niederdeutschen vor Substantiven neutrius generis 66.
afschmaren 45.
annerk, Anas Mas 55.
apel 11.
appeltær, -tere, -tet 10.
arpel, Anas Mas 51. 52. 92.
Artzedie Bok, Lübecker, vom Jahre 1687, 21
asperioll — aspergioll 77.
antkorf — antholb 55.

baslamm, Agnus 94.
bern — up der but werpen 37.
Bauernkomödien, Zu den 7.
beericht für bedritt 35.
beddoet, Seelenklage v. 104, 76.
bedriten 6. 19.
Boerworoog, wo belegen? 55.
bemöten (V) 50.
betjjen 12.
Betonung v. Hollander, Wachholder 10.
bie, Vorres 94.
bule (V) 51.
bisken 18.
bitschen 18.
Bock bock schule nicht 13.
böften 45.
burg, Matalle 94.
breden, Seelenklage v. 894, 77.
„brennen" beim Kinderspiel 79.
bries (V) 51.
brügge, 1) Butterbrod, 2) Brücke 54.
brumfassen 45.
buhling — bucking 8.
bütsch, Lockruf f.d. Schwein 94.

bütsche, Porcus domesticus 94.
bütschken 18.
cropeling 6.
cytalosa cyteloses (II V) 22.95.

dachtein 45.
Dada 78.
da-erde 78.
Dahousen 78.
dahule 56, 78.
Darsau, darts-an 19.
Dialektproben:
vom Delster v. J. 1776 43 ff.
Ditmarsisch 68 ff. 88.
Elderstedter 67.
Eisflether 88.
Flandrisch (Brügge) 26.
Güttingisch 29
Kalenbergisch v.J. 1776 96.
Lüneburgisch 82. 83.
vom Niederrheine (Vierson) 48.
Ostfriesisch 81 ff.
Ostholsteinisch (Oldenburg) 27.
aus der Gegend von Rinteln 83. 84.
aus dem Kreise Rees 84 ff.
vom Solling 75.
Westfälisch (Rheine) 37.
Westschleswigsch 26.
donnargel (V) 13. 81.
doppet 31.
dolwen 46.
dova 5.
draka, Anas Mas 15. 38. 51.92.
Dreyer, Johann, als Reformator in Herford, Vortrag über 60.
doreh dreck un drite 20.
drenchakeln 46.
drite 20.
dröschen 45.
duffet, Columbus 94.

ecorn, Seelenklage v. 178, 76.
eernts 10.
Egelater, Rana canina (IV) 10.

eichhorn, asperioll als Speise 50, 76.
einstallich 51.
els, dinenboom 10.
eisentear 10.
emet 50.
endler, Anas Mas 51. 93.
ennerk, Anas Mas 39.
Name des Enterichs im Ndrd. 15. 38. 51. 92.
eiper, Anas Mas 39.
epelter, Pyrus Malus 9 ff.
spelter, Acer campestre (V) 9 ff. 55.
spelterm, Wirtsbaumname 9 ff.
erk, elirk, Anas Mas 39.
erpel, Anas Mas 15. 38. 52. 93.

fake, porcellus 94.
falsche Formen des niederdeutschen Adjectivs vor Substantiven neutrius generis 66.
falsch gebildeter Genitiv neutr. gen. 67.
fagen 46.
vai 93.
velven dach? 81.
verborgen wedder da, Lathraea squamaria (V) 18.
vercricht statt bedritt 35.
verfuestkleien 45.
vezleden gan (V) 20.
versebol, vrantschop — versocht (V) 14.
vorsohlen 45.
verwünschnogren 90.
so fett fideli Lux nich 15. 36.
fiesteun, Kinderspiel 79.
Visio Philiberti, zur 76.
fitjen 45.
fit flt, Lockruf f. d. Ente 94.
flüinte, fluhe, anas com. 94.
fitzen 44. 45.
vlackfisch — blakvisch 8.
vlämische Zeitschrift Loquela 73.
vleden gan (?) 20.
flöten gehn (V) 20.

*) Die eingeklammerten römischen Ziffern weisen auf die früheren Jahrgänge.

Vloei, Hundename 92.
fluiten graa (V) 81.
Flåche 90.
Volkslied aus dem Göttingischen 29.
Volksreime:
auf den Habicht 72.
auf den Kukuk 53.
auf Ortsnamen 72.
vorgleded 81.
vorlaet 92.
voroebt, vyroogt 14.
vorspoyk 91.
Friesischer Accusativ sing. masc. gen. 28. 29.
frose 79.
früh aufstehen (V) 6.
fuchtsin 45.
fûstjen, fustjen 44.

Gaeloff, galoef 7.
gallern 45.
gant, Anser Mas 94.
ganter, Anser Mas 93.
garbe 93.
garben 45.
garst 93.
Gans im Wassergebiete 59.
gebumfafel 75.
De thien ghebodex Godes 89 ff.
Van dye gheboorte der kinderen 90.
gebumpfet 45.
gedräschakelt 45.
gekasterviolet 45.
geklabassiert 45.
geknüppelt 45.
gekrummholstert 45.
gelaschet 45.
gemot, in st gemôi homme (V) 50.
Genitiv neutr. gen., nach missverstandener Analogie falsch gebildet 87.
geusel, pulli ameris 94.
gewullet 45.
Giergraben, Gyr 71.
giefsein 45.
Glaubensbekenntniss, ndrd., des 15. Jahrh. 89.
gôsfeder, Viburnum Opulus 9.
Grammatisches:
    Accusativ sing. masc. im Plattdeutsch' friesischer Gebiete 26. 29.
    Adjectiv, niederdeutsches vor sächlichem Substantiv 86.
    Betonung von Hollander, Wachholder 10.

Genitiv neutr. gen. nach falsch herbeigezogener Analogie nariebüg gebildet 87.
gnl und mek 68 ff.
o, ô im Gemeinniederdeutschen — lo im Märkischen 51.
-suls ndrl. verhält sich zu -swis, wie ndrl. duit zu altnord. thveit 55.
tern in Ortsnamen ist Dativ vom mündrd. ter 9.
Grenzen westfälischer Mandarten 74 ff.
Gristan, Gristow 18 ff.
guard, Anas Mas 52.

ballanchen 45.
hamern 45.
handpacken in Lübeck 55.
Handschriften: s. Manuscripte.
hans, Lockruf f. d. Füllen 94.
hanske, pullus equi 94.
barenteer 10.
heinenteer, heimter 10.
berenier 10.
herselenteer, herselenteer 10.
holenteer 10.
Hausstiernamen in Hinterpommern 93.
heel un deal 19.
herumhalen 45.
Hickethal 58.
Hijl snd al, hiljendal 19.
der alte Hildebrand (IV) 46.
bluch, Lockruf f. d. Pferd 74.
blasbke, blasbpird, equus 94.
hout, bont bi (V) 5. 84.
bost, hout, bundet (V) 5. 6.
bôi — hunt, Ackermaafs 76.
Hockedal 58.
hukkaben (V) 19.
hülken, büül'ken, hülleken 88 ff.
hünter 10.
hund als Ackermaafs im Magdeburgischen 78.
hundet he (V) 5, 84.
up der bût werpen (I II IV) 36.
Jerk, jerk, Anas Mas 39.
ilgau — † ilgau 23.
imstedtwisch 25.
ip, Ipernbeam, Ulmus campestris 11.
injökel 65.
Jahrbuch 1880, Zum 50.
jällink, ovis unius anni 94.
jenner, jenne, mein jenner 17.
jewinkelt — gewiekelt 16.

nach Jageldage 91.
Jagel 21. 58.
jokel 58.
jord (IV V) 63.
Juden haben Prag verraten 18.
kackerlack 92.
Kalenbergisches Platt 43.
Zum ndrd. Kalender:
    Jageldage 21.
    Mendeldach 81.
    velvendach 81.
    sw. Erfurt u. Pfingsten 81.
kalenchen 45.
kandl 79..
kaplaken 94.
karoflien 44. 65.
karwatschen 45.
kastervielen 45.
Kater Lux, Kinderspiel 78.
kielen 45.
kiken, pulli 94.
kik fai Ei (V), Parus major 15.
küllern (V) 17.
kinder, woher sie kommen 65.
Kinderlied vom fillus Jesus 26 ff. 45.
Kinderliederkunde, Beiträge zur niederdeutschen 26. 45. 81 ff.
Kinderspiel 13. 79.
kip - kap - kögel 52.
klappen 44.
kleist, Platoma Limanda 50.
klemm op (V), Tropaeolum majus 18.
klewanne, Hirtenknabenspiel 79.
kloppen 45.
kluit, Recurvirostra Avocetta 39.
knipsen 45.
knirfitjen 45.
knüffeln, knüfien 44. 45.
knüppeln 45.
knuffen 45.
twischen ko unde kerkhof kumen 7.
köllern 45.
kogelguld 94.
Kohl und Rüben 85.
de Koker, Möglichkeit des Auffindens der Handschrift 68.
de Koker, Beschreibung, Verfasser, Herkunft, Nachmanns Verhältniss zu demselben 67 ff.
de Koker, Vortrag über 58.
korrensen 45.
kos', poln. koss 94.

krack, equus 94.
brannhelstern 46.
krigen 36.
kroneko (I V) 94.
kroontje, Recurvirostra Avocetta 89.
krüsch, Lockruf f. d. Kuh 94.
krüsch, krüschhau, vacca 94.
Kukuk 58.
küling, Gobius spec. 60.
kumwedder, Lathraea squamaria 19.
kuswachteln 46.
küsseg, Kinderspiel 79.
kuwern (I II III V) 12.
kwanswijs, kwansule 55.

lame, Seelenklage v. 21, 76.
to lange gheslapen (V) 6.
laschen 45.
leddern 45.
lem, Lockruf f. d. Lamm 94.
lemke, Agnes 94.
leven schacken 7.
Liedern, Anfänge von alten 4.
Literarisches:
 Ic gelove in enen Godi vader 89.
 De thian ghaboden Godes 89 f.
 Eine Sentencie und ein Oordeell tuschen twe twistige Wyven 81 f.
 Van dye geboorte der kinderen 90.
 Also vele also du god lef hast 15 f.
 Eyn oldt Spickwordt 24.
 Minne Leid von einem Deisterschen Minnesinger 43.
 Trinklied 45.
 Ode up Michel, dei mit men Vrall dobt sachlagen wohrd 96.
 Der alte Hildebrand 56 f.
 Kinderlied vom filius Jams 26 ff. 47 ff.
 Martinslieder 81 f.
 Inhaltsangabe eines theol. Mscr. 59.
 Liederanfänge 4 f.
 Der Moker 67 f.
 Zu den Bauernkomödien 7 f.
 Zu den Proverbia communda 34 f.
 Zur Visio Philiberti 50. 75 f.
 Artsnedie Bok (Lübeck 1667) 24.

Tandel- und Zandelbaftiger Spinnrocken (1678) 90 f.
Die neue Deutschheit nunliger Zeitverstreichungen (1776) 43 ff. 96.
Loqnela, Zeitschrift 73.
Lockrufe für Haustiere 93 ff.
Zu den Lüneburgischen Andrücken 12.
luran 15.
lufen 45.
mad, plur. mäde 18.
mäken 18.
märkisches 17 ff.
märkisches le == gemeinnudr. o, ö.
makrele (Gr. Welsümer 2, 62) == Schnäpel 9.
Manuscripte, mnd. 83, in der handsch. Bibl. zu Aurich 32. in der Bibl. der Kunst zu Emden 15, 16, 89.
Martinslieder, zur Kenntnis der 81 ff.
maschelaar, Anas Mas 89.
Matrosengesang (V) 2.
matz, Lockruf f. d. Kaninchen 94.
matake, caniculus 94.
melbom, Personenname 81.
mendeltag, mengeltag (IV) 21.
märchen 18.
moppel, Acer campestre 9.
metten 50.
mettige == möte 50.
mi und mek, Grensen dieser Formen 50.
mi und mek, Bedeutung derselben für Begrenzung der Gane im Wesergebiete 59.
mi und mek, Vortrag über 58 ff.
Zum mittelniederdeutschen Wortschatze 91 ff.
Zum mittelniederdeutschen Wörterbuche 81.
mis, Lockruf f. d. Katze 94.
miske, mis, miskatt, Felix catus 94.
mispeltar 10.
modersprake 64 ff.
modersprake, Vortrag über 59.
mögen, vom Eßen 35.
mölle, mälte 15.
mötern, meuten, seck menten (V) 50.
möte, in de m. gân, kamen (V) 50.
mühlen, mülen, mullen 15. 54.
mullen == 1) Hauenhahn, 2) Mühlen 54.

mus wie mûs, mus as moun 16. 40.
nalaet 92.
Namen:
 verschiedener Blume 9 f.
 von Blumen in süddrniederländischen Mda. mit teer zusammengesetzt 10.
 Eigen- und Personnamen 15. 23. 81.
 des Enterichs 15. 38 51. 93.
 Fisch - 8. 50.
 der Haustiere in Hinterpommern 93 ff.
 Hunde - 97.
 Imperativische Pflanzen- und Tiernamen 18.
 Orts- 14. 19. 25. 56. 78.
 Orts- auf an, ow 18 ff.
 Personennamen, mit boom und tor zusammengesetzt 10.
 des Skbelschnäblers im Holländischen 89.
Namenstellungen (IV V) 49.
Neckreim auf die Amelüder 2.
nine, nene, mine, Seelenklage v. 120, 76.
nis, Lockruf f. d. Kalb 94.
niske, vitulus 94.
nohlekrug (V) 19.
notaltoer 10.

gemeinndr. o, ö == märkischem le 51.
oberegulans 56.
Ode im Kalenbergischen Platt v. J. 1776, 96.
Ohrwurm == Aalwurm 55.
Ortsnamen auf an, ow 18 ff.
palinge 8.
pampe (I) 29.
parduck, Kinderspiel (II) 79.
panken 45.
paminkal 6.
pewerig (V) 12.
Pferdearten und Farben 79. 90.
pietschen 45.
pit pit, Lockruf f. d. Gans 93.
pilke, pilgen', Anas anser 94.
placken 15.
placke (I) 55.
plachenfever 55.
platala, Platanca Limanda 50.
plirr' 93.
plär', plörig 93.
poduck, Kinderspiel (II) 79.
polh, Sus domesticus 94.
Prag verraten 18.

prellen 26 f.
Proverbia communia der Bordesholmer Handschrift S. 94.
prügeln 19.
pulen 16.
pütst 2.

quanswis (V) 20. 55.
quick 91.

raan, Recurvirostra Avocetta 39.
rabeler, Aspius rapax 2.
rapen, rapfen, reppe, rabe 2.
rauhalent, rauhalet, rauholot 2.
Reime auf ostfriesische Inseln 2.
Zu Reineke Vos 81.
rytal 2.
rövekamp, -kule 95.
röve = alte. hroc? 95.
rübb 25.
rühekuhle (IV) 95.
rube, rupe (V) 2.

sseg', porca 24.
Salomons Urteil 81 ff.
schaap, 1) altoostfr. Münze,
2) Schaf 14.
schachtal 2.
schafftrubbe, schaffworm 50.
schallen 14.
Scheif-As (III) 12.
Schening, Platessa Limanda 50.
schāk, Lockruf f. d. Schaf 94.
schikhamel, Vervex 94.
schiklamm, Agnus 94.
schihschap, schhaske, Ovis 94.
schille plögen 12.
schit int dörp, Parus major (V)
18.
schlam 16.
schlaffen 15.
schmähren 15.
schmieten 15.
schöl plögen (V) 12.
schölen, schölen 14.
schölstellen 14.
Scholenfelh 14.
schortelgelt 94.
schrallen 15.
schrammen 15.
schulen (V) 12.
schullg, schūlach 12.
Zur med. Seelenklage 76 ff.
Sibelling, stilmeling, sülwerring,
sswaling, sĳperling, sllberling, blimperling 52.
siemer 50.
sittelose (II, V) 22.
spegelglas, Seelenklage v. 164.
78.

Sprickwordt, Eyn oldt 24.
Sprach 24.
Sprichwörter in Kölner Schriften 7.
Sprüchwörter, historische 19.
Sprüchwörtliches (V) 94. 52.
Sprüchwörter und Redensarten:
hedde und etrusack 95.
Berg und Thal 7.
dem home nyghen 5.
dicke sin 45.
dot in de waden krigen 36.
dem doven missen singen 5.
dreimal ist göttlich 7.
schsillnder mitkriegen 95.
feil Bedeln 15. 96.
Rüten gehen 20.
früh aufstehen 49.
guldeleten sten 85.
houden und ryken 5. 34.
hunden und ryken 5.
hůten vor der That 7.
Juden haben frag verraten 15.
ho und korkhof 7.
Kohl und Rüben, Rampen 6.
95.
leckartān 85.
naket moanik is einem leyen
gelyk 52.
mus wie mine 15. 40.
mus as moem 40.
wēg' und wēg' 96.
int oge wischen 45.
pawes begift alcht milder,
aim aflst 62.
pelegrimen, olde lude und
grote heren, willen de
legen, dat ls in örer macht
62.
pihkcht und talglicht 35.
schelfas 12.
to lange geslapen 6 f.
uzenwracken krigen 95.
schit krigen 95.
twischen ko ende korkhof 7.
twischen Ryn unde mere 77.
zwischen Erfurt und Pfingsten 71.
stäkfisk, Gasterosteus spinachia 50.
stengen (V) 12.
stoppe dat lock, Baplozrum
rotundifolium 12.
stromhlüser, Aspidosoma extafructas 50.
strōken 14.
striegeln 15.
stroom, Hundename 92.

Synonimen von schlagen und
trunken sein im Kalenbergischen 48.

tackeln 45.
tacken 92.
tagein 44. 45.
tandecken 45.
taurichten 45.
tāl, canis femina 94.
tengern (V) 12.
ter, tere, teir, taere, tre, tra,
dre, dre in mittelniederländ.
= got. triu, engl. trer, dän.
tras, schwed. träd, isl. tre 10.
tern, Dativform vom altnrd.
tar, in Ortsnamen 2.
theologische Weisheit 15.
Thielbeuk, Zeidel(Bienen-)
bach 92.
Thielchsin, Zeidelbiene 22.
tidelose, Litsiofne (II V) 22.
tiel 28.
Tioloh, grosses und kleines 23.
Tienhehr = tilhar 23.
tlebār 28.
tligati 22.
tillock, tilock 23.
tit üt, Lockruf f. d. Hahn 22.
tithe, titheimer, pulli 94.
toveracke 92.
tripp 72.
tulen 43.
tůs, Lockruf f. d. Hund 94.
tůshund, tåske, canis 94.

überwensoh 46.
anvorgledet 91.
urenwrucken 35.
ürte, irte 51.
utpowern (V) 12.

waard, waal, wart, warts,
Anss Mas 82. 51.
wånack, Anss Mas 52. 53.
wädlik, wālrik, wedik, weddik.
wulik, Anss Mas 51. 52. 93.
wāting 52.
walken 45.
wanfen 45.
waltemats (V) 12.
wārm, kleine Heringe 50.
watertoger 81.
week, wēke, Anss Mas 92.
weerkemen, Lathrus aqua-
maris (V) 18.
welfen 14. 45.
weike, Falco palumbarius 71.
wenderich, wenger, Anss Mas
39.

wicken, Strafpredigt andenken 18.
wickbarsen (wickerschen?) 22.
wicksen 44, 45.
Wyrck, de, Wilushind 28.
wik, wek, Anas Mas 52. 58. 93.
winder, woender, Anas Mas 32.
woerd, woord, worte, Anas
  Mas 32. 52.

würteln 18.
wörterpaare (V) 19.
wolikús, Cottus scorpius 50.
wrede stubben (V) 71.
wriden, writ, writen (V) 71.
wüen 18.
wullen 45.
Yelper, engl., Recurvirostra
  avocetta 32.

Zeitschrift, Loquela 71.
Zeitverstreichungen 18.
Zibbe 24.
zitelose (II V) 22. 25.
zittella ano = zitelose (II V) 23.
zuck, canis femina 24.

Druckfehler.

Seite 8, Zeile 7 v. o. statt Tropfe lies Tropfa.
„ 9, „ 5 v. o. „ Brok- „ Brackwasser.
„ 50 und 52 „ B. Sprenger lies R. Sprenger.

Verzeichnis der Mitarbeiter
am sechsten Jahrgange des Korrespondenzblattes.

- H. Bahncke.
- A. Birlinger.
- H. Buchholtz.
- H. Carstens.
- W. Crecelius.
- H. Deiter.
- P. Feit.
- O. Francke.
- F. Freusdorff.
- Grabow.
- B. Grenpe.
- W. Grevel.
- W. Hansen.
- P. Hasse.
- A. Hemme.
- K. Höhlbaum.
- L. Hölscher.
- Janssen.
- H. Jellinghaus.
- H. Kern.
- O. Knoop.
- W. Knorr.
- H. Köhler.
- R. Köhler.
- K. Koppmann.
- K. E. H. Krause.
- F. Latendorf.
- Loersch.
- Ed. Lohmeyer.
- A. Lübben.
- O. Matzen.
- W. H. Mielck.
- H. Mohrmann.
- H. Prien.
- A. Römer.
- O. Rüdiger.
- F. Sandvoss.
- A. Sartori.
- G. A. B. Schierenberg.
- G. Schmidt.
- Edw. Schröder.
- H. Schulz.
- C. Schumann.
- W. Seelmann.
- H. Sohnrey.
- J. Spee.
- Sprengell.
- R. Sprenger.
- Fr. Sundermann.
- J. Fr. Voigt.
- C. Walther.
- J. Winkler.
- D. Zander.

Date Due

www.ingramcontent.com/pod-product-compliance
Lightning Source LLC
Chambersburg PA
CBHW031601170426
43196CB00032B/943